백운정
합격이 보이는 민법

백운정 편저

1차 | 조문&기출 제5판

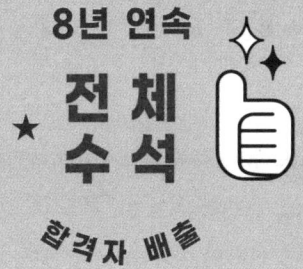

8년 연속
★ 전체 수석
합격자 배출

박문각 감정평가사

브랜드만족 1위 박문각

★ 머리말 ★

본 교재는 감정평가사 1차 시험 합격을 목적으로 출간되었습니다.

본 교재는 수험생이 스스로 시험에 나올 부분을 확인함으로써 공부방향과 공부방법을 설정하고, 그 내용을 정확하게 숙지하여 공부의 효율성을 높이는 것입니다. 따라서 기본서와 함께 활용한다면 방대한 기본서의 양을 효과적으로 줄일 수 있어 그 효율성이 배가될 것입니다. 출제 포인트임에도 불구하고 중요성이 간과되고 있는 조문과 2015년부터 2025년까지 감정평가사 기출지문을 조문과 연계하여 수록함으로써 감정평가사 민법 수험공부의 시작과 끝을 함께 할 길잡이가 될 것입니다.

본서의 특징은 다음과 같습니다.

1. 조문집

조문은 대단히 중요합니다. 특히나 기출문제에 등장하는 조문은 절대적으로 암기하고, 그 내용을 숙지하고 있어야만 합니다.
본 교재는 조문을 단순히 배열하는 것을 넘어 최근 관련 기출지문을 수록하여 조문의 중요도뿐만 아니라, 실전에 출제되는 변형문제도 확인할 수 있도록 하였습니다.

2. 기출표시

기출표시를 하여 연도별의 흐름을 확인할 있도록 하였고, 구체적으로 반복되는 중요지문을 본인이 스스로 확인함으로써 중요도를 습득할 수 있도록 하였습니다.

3. 예상문제

조문과 기출지문은 민법의 출제포인트입니다. 따라서 본 교재의 조문과 기출지문은 내년 2026년도 예상문제가 될 것입니다.

본서가 수험생 여러분과 항상 함께 할 비장의 무기가 되길 바라며, 여러분의 합격을 기원합니다.

또한 본서의 출간을 위하여 도움을 주신 수험생들과 출판사 관계자분들과 묵묵히 서울법학원에서 도움을 주시는 김승호 부장님, 박남수 부장님, 한갑석 부장님과 박선순 상무님께도 감사의 인사를 드립니다.

마지막으로 바쁜 와중에도 조언과 격려를 해 주신 법무사 민사법을 강의하시는 이혁준 선생님, 서울법학원에서 법무사 형법을 강의하시는 오상훈 선생님과 사랑하는 아들 동현에게도 감사의 마음을 전합니다.

신림동 연구실에서 백운정 올림

★ 차례 ★

CONTENTS | PREFACE |

PART 03 민사특별법

PART

01

민법총칙

Chapter
01 통칙

제1조【법원】
민사에 관하여 **법률**에 규정이 없으면 **관습법**에 의하고 관습법이 없으면 **조리**에 의한다.

OX Check Point

1 헌법의 기본권은 특별한 사정이 없으면 사법관계에 **직접** 적용된다. ( ) ▸ 2020

2 민법 제1조에서 민법의 법원으로 규정한 '민사에 관한 법률'은 **민법전만을 의미한다.** ( ) ▸ 2023

3 관습법에 앞서 적용되는 법률이란 **국회에서 제정된 법률만**을 말한다. ( ) ▸ 2019

4 헌법에 의하여 체결·공포된 국제조약은 그것이 민사에 관한 것이더라도 민법의 법원이 될 수 **없다**. ( ) ▸ 2022, 2023

5 헌법재판소의 결정은 그것이 민사에 관한 것이라도 **민법의 법원으로 되지 않는다.** ( ) ▸ 2019, 2024

6 대법원이 정한 「공탁규칙」은 민법의 법원이 될 수 **없다**. ( ) ▸ 2023

7 관습법이 되기 위해서는 사회구성원의 법적 확신이 필요하다.( ) ▸ 2022

8 판례는 관습법과 사실인 관습을 **구별하지 않는다**. ( ) ▸ 2019

9 민법 제1조에서 민법의 법원으로 규정한 '관습법'에는 사실인 관습이 **포함된다.** ( ) ▸ 2023

10 관습법에 의한 분묘기지권은 **더 이상 인정되지 않는다**. ( ) ▸ 2019

11 관습법은 법령과 같은 효력을 가지는 것으로서 법령에 저촉되지 않는 한 법칙으로서의 효력이 있다. ( ) ▸ 2017, 2020, 2022

12 관습법은 사회 구성원의 법적 확신으로 성립된 것이므로 **제정법과 배치되는 경우에는 관습법이 우선한다**. ( ) ▸ 2024

13 관습법은 성문법에 대하여 보충적 효력을 갖는다. ( ) ▸ 2021

14 사회생활규범이 관습법으로 승인되었다면 그것을 **적용하여야 할 시점**에서의 **전체 법질서에 부합하지 않아도**, 그 관습법은 법적 규범으로서의 효력이 인정된다. ( ) ▸ 2017

15 사회구성원이 관습법으로 승인된 관행의 법적 구속력을 확신하지 않게 된 때에는 그 관습법은 효력을 잃는다. ( ) ▸ 2020, 2021

16 법원(法院)은 판례변경을 통해 기존 관습법의 효력을 부정할 수 있다. ( ) ▸ 2024

17 법원은 관습법의 존부를 알 수 없는 경우를 제외하고 당사자의 주장·증명이 없어도 관습법을 직권으로 확정하여야 한다. ( ) ▸ 2017, 2020, 2024

18 공동선조와 성과 본을 같이하는 미성년자인 후손은 종중의 구성원이 될 수 없다. ( ) ▸ 2021

정답 01 × 02 × 03 × 04 × 05 × 06 × 07 ○ 08 × 09 × 10 × 11 ○ 12 × 13 ○ 14 × 15 ○ 16 ○ 17 ○ 18 ○

제2조 【신의성실】
① 권리의 행사와 의무의 이행은 신의에 좇아 성실히 하여야 한다.
② 권리는 남용하지 못한다.

OX Check Point

1 신의칙에 반하는 것인지 여부는 당사자의 주장이 없더라도 법원이 직권으로 판단할 수 있다. ( ) ▸ 2015, 2019, 2022, 2025

2 부동산 거래에 있어 신의칙상 상대방에게 고지의무의 대상이 되는 것은 법령의 규정뿐이고, 널리 계약상, 관습상 또는 **조리상의 일반원칙에 의해서는 인정될 수 없다.** ( ) ▸ 2015, 2022

3 숙박계약상 숙박업자는 투숙객의 안전을 배려하여야 할 신의칙상 보호의무를 부담한다. ( ) ▸ 2024

4 입원계약상 병원은 입원환자에 대하여 휴대품 도난 방지를 위하여 필요한 적절한 조치를 할 신의칙상 보호의무가 있다. ( ) ▸ 2024

5 기획여행계약상 여행업자는 여행객의 신체나 재산의 안전을 배려할 신의칙상 보호의무를 부담한다. ( ) ▸ 2024

6 강행법규를 위반한 자가 스스로 강행법규 위반을 이유로 약정의 무효를 주장하는 것은 특별한 사정이 없는 한 신의칙에 **반한다.** ( ) ▸ 2015, 2019, 2021, 2025

7 토지거래허가구역 내의 토지에 관해 허가를 받지 않고 매매계약을 체결한 자가 허가가 없음을 이유로 그 계약의 무효를 주장하는 것은 특별한 사정이 없는 한 신의칙에 반하지 않는다. (　) ▸ 2024

8 무권대리인이 무권대리행위 후 단독으로 본인의 지위를 상속한 경우, 본인의 지위에서 그 무권대리행위의 추인을 거절하는 것은 신의칙에 반한다. (　) ▸ 2022

9 신의칙에 기한 사정변경의 원칙에 의하여 계약해제권이 발생할 수 있다. (　) ▸ 2019

10 **계약성립의 기초가 되지 않은 사정의 변경**으로 일방당사자가 계약 당시 의도한 계약 목적을 달성할 수 없게 되어 손해를 입은 경우, **그 계약의 효력을 그대로 유지하는 것**은 특별한 사정이 없는 한 **신의칙에 반한다**. (　) ▸ 2024

11 사정변경으로 인한 계약해제에 있어 '사정'에는 일방 당사자의 주관적인 사정은 포함되지 않는다. (　) ▸ 2025

12 회사의 이사가 회사의 확정채무를 보증한 경우에는 그 직을 사임하더라도 사정변경을 이유로 그 보증계약을 해지할 수 없다. (　) ▸ 2021

13 권리남용금지의 원칙은 본래적 의미의 권리뿐만 아니라 법인격의 남용에도 적용된다. (　) ▸ 2019

14 채무자의 소멸시효를 이유로 한 항변권의 행사도 신의성실의 원칙의 지배를 받는다. (　) ▸ 2025

15 소멸시효 완성 전에 채무자가 시효중단을 현저히 곤란하게 하여 채권자가 아무런 조치를 취할 수 없었던 경우, 그 채무자가 시효완성을 주장하는 것은 신의칙상 허용되지 않는다. (　) ▸ 2021

16 국민을 보호할 의무가 있는 국가가 국민에 대하여 부담하는 손해배상채무의 소멸시효 완성을 주장하는 것은 **원칙적으로 신의칙에 반한다**. (　) ▸ 2019

17 부동산 점유자가 취득시효완성 후에 그 사실을 모르고 소유자에게 당해 토지에 관하여 어떠한 권리도 주장하지 않기로 하였는데, 나중에 시효완성을 주장하는 것은 특별한 사정이 없는 한 신의칙에 반한다. (　) ▸ 2015

18 매매계약체결 후 9년이 지났고 시가가 올랐다는 사정만으로 매수인의 소유권 이전등기절차 이행청구가 신의칙에 위배된다고 할 수 없다. (　) ▸ 2015

정답 01 ○　02 ×　03 ○　04 ○　05 ○　06 ×　07 ○　08 ○　09 ○　10 ×
11 ○　12 ○　13 ○　14 ○　15 ○　16 ×　17 ○　18 ○

Chapter

02 인

제1절 능력

제3조【권리능력의 존속기간】
사람은 **생존한 동안** 권리와 의무의 주체가 된다. ▸ 2019

OX Check Point

1 현행 민법은 태아의 권리능력에 관하여 **일반적** 보호주의를 취한다. ( ) ▸ 2020

2 태아는 불법행위로 인한 손해배상청구권에 관하여 이미 출생한 것으로 **추정한다**. ( ) ∵ 제762조 이미 출생한 것으로 본다. ▸ 2017

살아서 출생한 때에 문제의 사건의 시기까지 소급하여 태아가 출생한 것과 같이 법률상 보아 준다는 의미(정지조건설: 판례)

3 의사의 과실로 태아가 사망한 경우, 태아의 부모는 태아의 의사에 대한 손해배상채권을 **상속하여 행사할 수 있다**. ( ) ▸ 2019

∵ 모체와 같이 사망하여 출생의 기회를 못 가진 이상 손해배상청구권을 인정될 수 없기 때문

4 태아의 상태에서는 법정대리인이 있을 수 없고, 법정대리인에 의한 수증행위도 할 수 없다. ( ) ▸ 2017, 2020

5 의사능력은 자신의 행위의 의미와 결과를 합리적으로 판단할 수 있는 정신적 능력으로 구체적인 법률행위와 관련하여 개별적으로 판단되어야 한다. ( ) ▸ 2020

6 어떤 법률행위가 일상적인 의미만으로 알기 어려운 특별한 법률적 의미나 효과를 가진 경우, 이를 이해할 수 있을 때 의사능력이 인정된다. ( ) ▸ 2020

7 의사무능력자 甲과 乙이 체결한 대출거래약정 및 근저당권설정계약은 무효이다. ( ) ▸ 2024

8 위 7의 경우 의사무능력자 甲은 그 선의·악의를 묻지 않고 상대방 乙에 대하여 현존이익을 반환할 책임이 있다. ( ) ▸ 2024

9 만약 위 7의 경우 의사무능력자 甲이 乙로부터 대출받은 금원을 곧바로 丙에게 다시 대여하였다면, 乙은 甲에게 丙에 대한 부당이득반환채권의 양도를 구할 수 있다. ( ) ▸ 2024

정답 01 × 02 × 03 × 04 ○ 05 ○ 06 ○ 07 ○ 08 ○ 09 ○

제4조【성년】
사람은 **19세**로 성년에 이르게 된다.

제5조【미성년자의 능력】
① 미성년자가 법률행위를 함에는 법정대리인의 **동의**를 얻어야 한다. 그러나 권리만을 얻거나 의무만을 면하는 행위는 그러하지 아니하다.
② 전항의 규정에 위반한 행위는 **취소**할 수 있다.

OX Check Point

1 행위능력제도는 **자기책임의 원칙을 구현하여 거래의 안전을 도모하기 위한 것**이다. ( ) ∵ 미성년자의 개인의 이익을 보호하는 민법의 근본결단 ▸ 2020

2 미성년자 甲이 乙의 동의 없이 신용구매계약을 체결한 이후에 乙의 동의 없음을 이유로 그 계약을 취소하는 것은 **신의칙에 반한다**. ( ) ▸ 2022

3 **친권자는** 그의 미성년자(子)의 이름으로 **체결한 계약을 자(子)가 미성년임을 이유로 취소할 수 있다**. ( ) ▸ 2020

4 의무만을 면하는 행위와 권리만을 얻는 행위는 6세인 미성년자가 단독으로 유효하게 할 수 있는 법률행위이다. ( ) ▸ 2018

5 자전거를 **부담부로 증여받는 행위**는 18세인 미성년자가 **단독으로 유효하게 할 수 있는 행위이다**. ( ) ∵ 권리만을 얻거나 의무만을 면하는 행위가 아니므로 ▸ 2019

6 제한능력을 이유로 하는 취소는 특별한 사정이 없는 한 **선의의 제3자에게 대항할 수 없다**. ( ) ▸ 2024

정답 01 × 02 × 03 × 04 ○ 05 × 06 ×

제6조【처분을 허락한 재산】
법정대리인이 **범위를 정하여** 처분을 허락한 재산은 미성년자가 임의로 처분할 수 있다. ▸ 2018

OX Check Point

1 부모로부터 받은 한 달분의 용돈을 친구에게 빌려주는 행위는 18세인 미성년자가 단독으로 유효하게 할 수 있는 행위이다. ( ) ▸ 2019

2 만 18세의 미성년자가 자기의 월 근로소득 범위 내에서 신용구매계약을 체결한 경우, 그 신용구매계약은 처분허락을 받은 재산범위 내의 처분행위에 해당한다. ( ) ▸ 2017

정답 01 ○ 02 ○

제7조【동의와 허락의 취소】
법정대리인은 미성년자가 아직 법률행위를 하기 전에는 전2조의 동의와 허락을 취소할 수 있다.

OX Check Point

1 법정대리인 乙이 재산의 범위를 정하여 미성년자 甲에게 처분을 허락한 경우, 미성년자 甲이 그에 관한 법률행위를 하기 전에는 법정대리인 乙은 그 허락을 취소할 수 있다. ( ) ▸ 2022, 2025

정답 01 ○

제8조【영업의 허락】

① 미성년자가 법정대리인으로부터 허락을 얻은 **특정한 영업**에 관하여는 **성년자와 동일한 행위능력**이 있다. ▸2025

② 법정대리인은 전항의 허락을 **취소** 또는 **제한**할 수 있다. 그러나 **선의의 제3자에게 대항하지 못한다.**

OX Check Point

1 미성년자가 법정대리인으로부터 허락을 얻은 특정한 영업에 관해서는 법정대리인의 대리권이 소멸한다. ( ) ▸2024

2 법정대리인 乙이 미성녀자 甲에게 특정한 영업에 관한 허락을 한 경우에도 법정대리인 乙은 그 영업에 관하여 여전히 甲을 대리할 수 **있다**. ( ) ▸2022

3 유언행위는 16세인 미성년자가 단독으로 유효하게 할 수 없는 법률행위이다. ( ) ▸2018

∵ 제1061조【유언적령】 만 17세에 달하지 못한 자는 유언을 하지 못한다.

4 부모의 동의를 받아 법률상 혼인을 한 후, 주택을 구입하는 행위는 18세인 미성년자가 단독으로 유효하게 할 수 있는 행위이다. ( ) ▸2019

∵ 제826조의2【성년의제】 미성년자가 혼인을 한 때에는 성년자로 본다.

정답 01 ○ 02 × 03 ○ 04 ○

제9조【성년후견개시의 심판】

① 가정법원은 질병, 장애, 노령, 그 밖의 사유로 인한 **정신적 제약**으로 사무를 처리할 능력이 **지속적**으로 **결여**된 사람에 대하여 **본**인, **배**우자, 4촌 이내의 친족, 미성년**후**견인, 미성년후견감독인, 한정후견인, 한정후견감독인, 특정후견인, 특정후견감독인, **검**사 또는 **지**방자치단체의 장의 **청구**에 의하여 성년후견개시의 심판을 한다.

② 가정법원은 성년후견개시의 심판을 할 때 **본인의 의사를 고려하여야** 한다.

▸ 2016, 2021

OX Check Point

1 성년후견 개시의 심판은 **본인의 의사에 반하여** 할 수 **없다**. ( ) ▸ 2025

2 한정후견의 개시를 청구한 사건에서 의사의 감정 결과 성년후견 개시의 요건을 충족하고 있다면 법원은 **본인의 의사를 고려하지 않고** 성년후견을 개시할 수 **있다**. ( ) ▸ 2023

정답 01 × 02 ×

제10조【피성년후견인의 행위와 취소】
① 피성년후견인의 법률행위는 **취소**할 수 있다.
② 제1항에도 불구하고 가정법원은 **취소할 수 없는** 피성년후견인의 법률행위의 범위를 **정할 수 있다.** ▸ 2025
③ 가정법원은 **본**인, **배**우자, 4촌 이내의 친족, 성년**후**견인, 성년후견감독인, **검**사 또는 **지**방자치단체의 장의 **청구**에 의하여 제2항의 범위를 변경할 수 있다.
④ 제1항에도 불구하고 일용품의 구입 등 일상생활에 필요하고 그 대가가 과도하지 아니한 법률행위는 성년후견인이 **취소할 수 없다**.

OX Check Point

1 피성년후견인이 성년후견인의 동의를 얻어 재산상의 법률행위를 한 경우에도 성년후견인은 이를 취소할 수 있다. ( ) ▸ 2021

2 가정법원은 피성년후견인이 **성년후견인의 동의를 받아야 하는** 법률행위의 범위를 정할 수 있다. ( ) ▸ 2016

3 가정법원은 취소할 수 없는 피성년후견인의 법률행위의 범위를 정할 수 있으나, 성년후견인의 청구에 의하여 이를 변경할 수 있다. ( ) ▸ 2021, 2023, 2024

4 가정법원은, 일정한 자의 청구가 있는 경우, 가정법원이 취소할 수 없는 것으로 정한 피성년후견인의 법률행위의 범위를 변경할 수 있다. ( ) ▸ 2016

5 피성년후견인이 일상생활에 필요하고 그 대가가 과도하지 아니한 법률행위를 한 경우, 성년후견인은 이를 취소할 수 없다. ( ) ▸ 2015, 2016, 2021

정답 01 ○ 02 × 03 ○ 04 ○ 05 ○

제11조【성년후견종료의 심판】
성년후견개시의 원인이 소멸된 경우에는 가정법원은 **본**인, **배**우자, 4촌 이내의 친족, 성년**후**견인, 성년후견감독인, **검**사 또는 **지**방자치단체의 장의 청구에 의하여 성년후견종료의 심판을 한다.

OX Check Point

1 성년후견의 개시 또는 종료를 위한 심판은 본인도 청구할 수 있다. ( ) ▸ 2016

정답 01 ○

제12조【한정후견개시의 심판】
① 가정법원은 질병, 장애, 노령, 그 밖의 사유로 인한 **정신적 제약**으로 사무를 처리할 능력이 부족한 사람에 대하여 **본**인, **배**우자, 4촌 이내의 친족, 미성년**후**견인, 미성년후견감독인, 성년후견인, 성년후견감독인, 특정후견인, 특정후견감독인, **검**사 또는 **지**방자치단체의 장의 **청구**에 의하여 한정후견개시의 심판을 한다.
② 한정후견개시의 경우에 제9조 제2항을 준용한다.

OX Check Point

1 가정법원은 한정후견개시의 심판을 할 때 **본인의 의사를 고려하지 않아도 된다**. ( ) ▸ 2021

2 가정법원은 성년후견개시의 심판뿐 아니라 한정후견개시의 심판을 할 때에도 본인의 의사를 고려하여야 한다. ( ) ▸ 2015

정답 01 × 02 ○

제13조【피한정후견인의 행위와 동의】

① 가정법원은 피한정후견인이 **한정후견인의 동의를 받아야 하는 행위**의 범위를 정할 수 있다.

② 가정법원은 **본**인, **배**우자, 4촌 이내의 친족, 한정**후**견인, 한정후견감독인, **검**사 또는 **지**방자치단체의 장의 **청구**에 의하여 제1항에 따른 한정후견인의 동의를 받아야만 할 수 있는 행위의 범위를 변경할 수 있다.

③ 한정후견인의 동의를 필요로 하는 행위에 대하여 한정후견인이 피한정후견인의 이익이 침해될 염려가 있음에도 그 동의를 하지 아니하는 때에는 가정법원은 피한정후견인의 **청구**에 의하여 한정후견인의 동의를 갈음하는 허가를 할 수 있다.

④ 한정후견인의 동의가 필요한 법률행위를 피한정후견인이 한정후견인의 동의 없이 하였을 때에는 그 법률행위를 **취소할 수 있다**. 다만, 일용품의 구입 등 일상생활에 필요하고 그 대가가 과도하지 아니한 법률행위에 대하여는 그러하지 아니하다. ▸ 2025

OX Check Point

1 한정후견인의 동의가 필요한 법률행위를 피한정후견인이 한정후견인의 동의 없이 하였을 때에는 그것이 일상생활에 필요하고 그 대가가 과도하지 아니한 법률행위가 아닌 경우 그 법률행위를 취소할 수 있다. ( ) ▸ 2017

정답 01 ○

제14조【한정후견종료의 심판】

한정후견개시의 원인이 소멸된 경우에는 가정법원은 **본**인, **배**우자, 4촌 이내의 친족, 한정**후**견인, 한정후견감독인, **검**사 또는 **지**방자치단체의 장의 **청구**에 의하여 한정후견종료의 심판을 한다.

제14조의2【특정후견의 심판】

① 가정법원은 질병, 장애, 노령, 그 밖의 사유로 인한 **정신적 제약**으로 일시적 후원 또는 특정한 사무에 관한 후원이 필요한 사람에 대하여 **본인**, **배**우자, 4촌 이내의 친족, 미성년**후**견인, 미성년후견감독인, 검사 또는 지방자치단체의 장의 **청구**에 의하여 특정후견의 심판을 한다.

② 특정후견은 **본인의 의사에 반하여 할 수 없다.** ▸ 2015

③ 특정후견의 심판을 하는 경우에는 특정후견의 기간 또는 사무의 범위를 정하여야 한다.

OX Check Point

1 가정법원은 정신적 제약으로 특정한 사무에 관해 후원이 필요한 사람에 대해서는 본인의 의사에 반하더라도 특정후견 심판을 할 수 있다. (   ) ▸ 2024

2 특정후견의 심판이 있은 후에 피특정후견인이 특정후견인의 동의 없이 재산상의 법률행위를 하더라도 이는 취소의 대상이 되지 않는다. (   ) ▸ 2023

정답 01 × 02 ○

제14조의3【심판 사이의 관계】

① 가정법원이 피한정후견인 또는 피특정후견인에 대하여 **성년후견개시의 심판을 할 때**에는 종전의 한정후견 또는 특정후견의 종료 심판을 한다.

② 가정법원이 피성년후견인 또는 피특정후견인에 대하여 **한정후견개시의 심판을 할 때**에는 종전의 성년후견 또는 특정후견의 종료 심판을 한다.

OX Check Point

1 가정법원이 피성년후견인에 대해 한정후견개시의 심판을 할 때에는 종전의 성년후견의 종료심판을 할 필요가 없다. (   ) ▸ 2015, 2023

정답 01 ×

제15조【제한능력자의 상대방의 확답을 촉구할 권리】

① 제한능력자의 상대방은 제한능력자가 **능력자가 된 후**에 그에게 **1개월 이상의 기간을 정하여** 그 취소할 수 있는 행위를 추인할 것인지 여부의 확답을 촉구할 수 있다. **능력자**로 된 사람이 그 기간 내에 확답을 발송하지 아니하면 그 행위를 **추인**한 것으로 **본다.**

② **제한능력자가 아직 능력자가 되지 못한 경우**에는 **그의 법정대리인에게** 제1항의 촉구를 할 수 있고, 법정대리인이 그 정하여진 기간 내에 확답을 발송하지 아니한 경우에는 그 행위를 **추인한** 것으로 **본다.**

③ 특별한 절차가 필요한 행위는 그 정하여진 기간 내에 그 절차를 밟은 확답을 발송하지 아니하면 취소한 것으로 본다.

OX Check Point

1 제한능력자가 **아직 능력자가 되지 못한 경우**에도 그 상대방은 **그에게** 1개월 이상의 기간을 정하여 추인 여부의 확답을 촉구할 수 **있다.** (　) ▸ 2017

2 상대방은 제한능력자의 법정대리인에게 1개월 이상의 기간을 정하여 취소할 수 있는 행위를 추인할 것인지 여부의 확답을 촉구할 수 있다. (　) ▸ 2025

3 피성년후견인 甲이 법정대리인 乙의 동의서를 위조하는 방법으로 乙의 동의가 있는 것처럼 믿게 하여 자기 소유 건물을 丙에게 매각하는 계약을 체결하였다. 丙은 **甲을 상대로** 계약의 추인여부에 대한 확답을 촉구할 수 **있다.** (　) ▸ 2018

정답 **01** × **02** ○ **03** ×

제16조【제한능력자의 상대방의 철회권과 거절권】

① 제한능력자가 맺은 **계약**은 **추인이 있을 때까지 상대방**이 그 의사표시를 **철회**할 수 있다. 다만, 상대방이 계약 당시에 제한능력자임을 알았을 경우에는 그러하지 아니하다.

② 제한능력자의 **단독행위**는 **추인이 있을 때까지** 상대방이 **거절**할 수 있다.

③ 제1항의 철회나 제2항의 거절의 의사표시는 제한능력자에게도 할 수 있다.

OX Check Point

1 계약 당시에 당사자가 제한능력자임을 알지 못한 상대방은 추인이 있을 때까지 제한능력을 이유로 취소할 수 있는 계약의 의사표시를 철회할 수 있다. (　) ▸ 2025

2 상대방은 제한능력을 이유로 취소할 수 있는 계약에 대한 철회를 제한능력자에게 할 수 **없다.** (　) ▸ 2025

3 제한능력자와 **계약**을 맺은 선의의 상대방은 추인이 있기 전까지 의사표시를 **거절할 수 있다.** (　) ▸ 2017

4 제한능력자의 단독행위는 유효한 **추인이 있은 후에도** 상대방이 거절할 수 있다. (　) ▸ 2015, 2024, 2025

정답 01 ○ 02 × 03 × 04 ×

제17조【제한능력자의 속임수】
① **제한능력자가** 속임수로써 자기를 **능력자로** 믿게 한 경우에는 그 행위를 취소할 수 없다.
② **미성년자나 피한정후견인**이 속임수로써 **법정대리인의 동의가 있는 것**으로 믿게 한 경우에도 제1항과 같다.

OX Check Point

1 적극적인 속임수를 사용하여 자기를 능력자로 믿게 하여 상대방과 계약을 체결한 제한능력자는 제한능력을 이유로 그 계약을 취소할 수 없다. ( ) ▸ 2025

2 피성년후견인 甲이 법정대리인 乙의 동의서를 위조하는 방법으로 乙의 동의가 있는 것처럼 믿게 하여 자기 소유 건물을 丙에게 매각하는 계약을 체결하였다. 乙은 丙을 상대로 계약을 취소할 수 있다. ( ) ▸ 2018

3 피성년후견인 甲이 법정대리인 乙의 동의서를 위조하는 방법으로 乙의 동의가 있는 것처럼 믿게 하여 자기 소유 건물을 丙에게 매각하는 계약을 체결하였다. 계약 당시 甲이 제한능력자임을 丙**이 알았더라도** 그 추인이 있기 전까지 丙은 乙을 상대로 자기의 의사표시를 철회할 수 **있다**. ( ) ▸ 2018

정답 01 ○ 02 ○ 03 ×

제2절 주소

제18조【주소】

① 생활의 근거되는 곳을 주소로 한다.

② 주소는 동시에 두 곳 이상 있을 수 있다.

제19조【거소】

주소를 알 수 없으면 거소를 주소로 **본다.**

제20조【거소】

국내에 주소 없는 자에 대하여는 국내에 있는 거소를 주소로 **본다.**

제21조【가주소】

어느 행위에 있어서 가주소를 정한 때에는 그 행위에 관하여는 이를 주소로 **본다.**

→ 가주소는 당사자의 의사에 의하여 설정되는 것이므로 제한능력자는 독자적으로 가주소를 설정할 수 없다.

제3절 부재와 실종

제22조【부재자의 재산의 관리】

① 종래의 주소나 거소를 떠난 자가 재산관리인을 정하지 아니한 때에는 법원은 **이**해관계인이나 **검**사의 **청**구에 의하여 재산관리에 관하여 필요한 처분을 명하여야 한다. 본인의 부재 중 재산관리인의 권한이 소멸한 때에도 같다.

② 본인이 그 후에 재산관리인을 정한 때에는 법원은 본인, 재산관리인, 이해관계인 또는 검사의 청구에 의하여 전항의 명령을 취소하여야 한다.

OX Check Point

1 부재자는 성질상 자연인에 한한다. ( ) ▸ 2017

2 외국에 장기 체류하는 자가 국내에 있는 재산을 관리하고 있으면 그는 부재자에 해당하지 않는다. ( ) ▸ 2017

3 부재자가 재산관리인을 정하지 않은 경우, 부재자의 채권자는 재산관리에 필요한 처분을 명할 것을 법원에 청구할 수 있다. ( ) ▸ 2023

정답 01 ○ 02 ○ 03 ○

제23조【관리인의 개임】

부재자가 재산관리인을 정한 경우에 부재자의 **생사가 분명하지 아니한 때**에는 **법원**은 **재**산관리인, **이**해관계인 또는 **검**사의 **청구에 의하여** 재산관리인을 **개임할 수 있다.**

OX Check Point

1 재산관리인을 선임한 부재자의 생사가 분명하지 아니한 때에 법원은 이해관계인의 청구에 의하여 재산관리인을 개임할 수 있다. ( ) ▸ 2015, 2025

정답 01 ○

第24条【관리인의 직무】

① **법원이 선임한** 재산관리인은 관리할 재산목록을 작성하여야 한다.

② 법원은 그 선임한 재산관리인에 대하여 부재자의 재산을 보존하기 위하여 필요한 처분을 명할 수 있다.

③ 부재자의 생사가 분명하지 아니한 경우에 이해관계인이나 검사의 청구가 있을 때에는 법원은 부재자가 정한 재산관리인에게 전2항의 처분을 명할 수 있다.

④ 전3항의 경우에 그 비용은 부재자의 재산으로써 지급한다.

第25条【관리인의 권한】

법원이 선임한 재산관리인이 第118条에 규정한 권한을 **넘는** 행위를 함에는 **법원의 허가를 얻어야** 한다. 부재자의 생사가 분명하지 아니한 경우에 부재자가 정한 재산관리인이 권한을 넘는 행위를 할 때에도 같다.

OX Check Point

1 법원이 선임한 재산관리인이 부재자의 재산에 대해 **보존행위를 함**에는 법원의 **허가를 얻어야 한다**. ( ) ▸ 2015

2 법원이 선임한 재산관리인은 법원의 허가 없이 보존행위로서 부동산 소유권이전등기말소등기절차이행청구를 할 수 있다. ( ) ▸ 2025

3 법원이 선임한 재산관리인은 법원의 허가 없이 부재자의 재산에 대한 차임을 청구할 수 있다. ( ) ▸ 2023

4 재산관리인의 처분행위에 대한 법원의 허가는 장래의 처분행위뿐만 아니라 과거의 처분행위에 대한 추인을 위해서도 할 수 있다. ( ) ▸ 2015, 2022. 2023

5 부재자 재산관리인의 재산처분행위를 허가하는 법원의 결정은 기왕의 처분행위를 추인하는 방법으로도 할 수 있다. ( ) ▸ 2018, 2020, 2025

6 부재자가 스스로 위임한 재산관리인에게 재산처분권까지 준 경우에도 그 재산관리인은 **재산처분에 법원의 허가를 얻어야 한다**. ( ) ▸ 2018, 2020, 2023, 2025

7 부재자가 사망한 사실이 확인되면 부재자 재산관리인 선임결정이 취소되지 않더라도 관리인의 권한은 당연히 **소멸한다**. ( ) ▸ 2023

8 법원이 선임한 재산관리인이 부재자의 사망을 확인했더라도 법원에 의해 선임결정이 취소되지 않는 한 재산관리인은 계속하여 권한을 행사할 수 있다. ( ) ▸ 2015, 2020

9 재산관리인이 소송절차를 진행하던 중 부재자에 대한 실종선고가 확정되면 그 재산관리인의 지위도 종료한다. ( ) ▸ 2020

10 생사불명의 부재자에 대하여 실종이 선고되더라도 법원이 선임한 재산관리인의 처분행위에 근거한 등기는 그 선임결정이 취소되지 않으면 적법하게 마친 것으로 추정된다. ( ) ▸ 2017, 2020

정답 01 × 02 ○ 03 ○ 04 ○ 05 ○ 06 × 07 × 08 ○ 09 ○ 10 ○

제26조【관리인의 담보제공, 보수】

① 법원은 그 선임한 재산관리인으로 하여금 재산의 관리 및 반환에 관하여 상당한 담보를 제공하게 할 수 있다.

② 법원은 그 선임한 재산관리인에 대하여 부재자의 재산으로 상당한 보수를 지급할 수 있다. ▸ 2017, 2022

③ 전2항의 규정은 부재자의 생사가 분명하지 아니한 경우에 부재자가 정한 재산관리인에 준용한다.

OX Check Point

1 재산관리인은 보수청구권을 가지며, 재산관리로 인하여 과실 없이 입은 손해에 대해 배상을 청구할 수 있다. ( ) ▸ 2015

정답 01 ○

제27조【실종의 선고】

① **부재자**의 **생사가** 5년간 **분명하지 아니한** 때에는 법원은 **이**해관계인 또는 검사의 **청구에 의하여** 실종선고를 **하여야** 한다.

② **전지**에 임한 자, **침몰한 선박** 중에 있던 자, **추락한 항공**기 중에 있던 자 기타 **사망의 원인이 될 위난**을 당한 자의 생사가 전쟁종지 후 또는 선박의 침몰, 항공기의 추락 기타 위난이 **종료한 후** **1년간** 분명하지 아니한 때에도 제1항과 같다.

OX Check Point

1 가족관계등록부상 이미 사망으로 기재되어 있는 자에 대해서는 원칙적으로 실종선고를 할 수 없다. ( ) ▸ 2021, 2025

2 동일인에 대하여 2차례의 실종선고가 내려져 있는 경우, **뒤에 내려진 실종선고를 기초로** 상속관계가 **인정된다**. ( ) ▸ 2022

3 부재자가 사망할 때에 1순위의 상속인이 있는 경우 2순위의 상속인은 특별한 사정이 없더라도 그 부재자에 대한 실종선고를 청구할 수 **있다**. ( ) ▸ 2016, 2018, 2019, 2025

4 후순위 상속인도 실종선고를 청구할 수 있는 이해관계인에 **포함된다**. ( ) ▸ 2022

5 어부 甲은 2015년 7월 1일 조업 중 태풍으로 인하여 선박이 침몰하여 실종된 후 2017년 10월 1일 실종선고를 받았다. 위 실종선고를 위해 필요한 실종기간은 1년이다. ( ) ▸ 2019 변형

정답 01 ○ 02 × 03 × 04 × 05 ○

제28조【실종선고의 효과】
실종선고를 받은 자는 **전조의 기간이 만료한 때**에 **사망**한 것으로 **본다.**

OX Check Point

1 실종선고가 확정되면 실종선고를 받은 자는 실종기간이 만료한 때에 사망한 것으로 본다. ( ) ▸ 2016, 2025

2 실종선고를 받은 자는 **실종선고를 받은 날에** 사망한 것으로 간주된다. ( ) ▸ 2019 변형

3 피상속인의 사망 후에 그의 아들에 대한 실종선고가 있었으나 **피상속인의 사망 이전에 실종기간이 만료된 경우**, 그 아들은 상속인이 될 수 있다. ( ) ▸ 2017, 2018
∵ 상속개시 당시 이미 실종기간 만료로 사망한 자이므로 권리능력 없어 상속인도 될 수 없다.

4 실종자를 당사자로 한 판결이 확정된 후에 실종선고가 확정되어 그 사망간주의 시점이 소 제기 전으로 소급하는 경우, 특별한 사정이 없는 한 그 판결은 **당사자능력이 없는 사람을 상대로 한 판결로서 무효가 된다.** ( ) ▸ 2021
∵ 실종선고의 효력이 발생하기 전에는 실종기간이 만료된 실종자라 하여도 소송상 당사자능력을 상실하는 것은 아니므로 실종선고 확정 전에는 제기된 소는 적법, 실종자를 당사자로 하여 선고된 판결도 유효

5 실종선고를 받아 사망으로 간주된 자는 실종선고가 취소되지 않는 한 반증을 통해 그 효력을 번복할 수 없다. ( ) ▸ 2021

정답 01 ○ 02 × 03 × 04 × 05 ○

제29조【실종선고의 취소】
① 실종자의 **생존한 사실** 또는 전조의 규정과 **상이한 때에 사망한 사실**의 증명이 있으면 법원은 **본**인, **이**해관계인 또는 **검**사의 **청구에 의하여** 실종선고를 **취소하여야 한다**. 그러나 실종**선고 후 그 취소 전**에 **선의로** 한 행위의 효력에 영향을 미치지 아니한다.
② 실종선고의 취소가 있을 때에 실종의 선고를 직접원인으로 하여 재산을 취득한 자가 **선의인** 경우에는 그 받은 이익이 현존하는 한도에서 반환할 의무가 있고 **악의인 경우**에는 그 받은 이익에 이자를 붙여서 반환하고 손해가 있으면 이를 배상하여야 한다.

OX Check Point

1 실종선고를 받은 자가 실종기간 동안 생존하였다는 사실이 밝혀진 경우, **실종선고의 취소 없이도 이미 개시된 상속을 부정할 수 있다**. ( ) ▸ 2018, 2022

2 실종선고를 받은 자가 극적으로 살아서 종래의 주소지로 돌아오면 위 실종선고는 **자동으로 취소된다**. ( ) ▸ 2019 변형

3 실종선고 취소의 청구를 받은 가정법원은 공시최고의 절차를 거칠 필요가 없다. ( ) ▸ 2016, 2021

4 실종선고 후 그 취소 전에 선의로 한 행위의 효력은 실종선고의 취소에 의해 영향을 받지 않는다. ( ) ▸ 2021

5 실종선고의 취소가 있는 경우, 실종선고를 직접원인으로 하여 재산을 취득한 자는 선의이면 그 받은 이익이 현존하는 한도에서 반환할 의무가 있다. ( ) ▸ 2016, 2025

6 실종선고를 받은 자의 생환으로 실종선고가 취소되면 그의 상속인은 **악의인 경우에만** 상속재산을 실종선고 받은 자에게 **반환할 의무가 있다**. ( ) ▸ 2019 변형

7 실종선고의 취소가 있을 때에 실종선고를 직접 원인으로 재산을 취득한 자가 악의인 경우 특별한 사정이 없는 한 그 받은 이익에 이자를 붙여서 반환하고 손해가 있으면 이를 배상해야 한다. ( ) ▸ 2025

정답 01 × 02 × 03 ○ 04 ○ 05 ○ 06 × 07 ○

제30조【동시사망】

2인 이상이 동일한 위난으로 사망한 경우에는 **동시**에 사망한 것으로 **추정**한다.

OX Check Point

1 사람이 권리능력을 상실하는 사유로는 사망이 유일하다. ( ) ▸ 2019

2 2인 이상이 동일한 위난으로 사망한 경우에는 동시에 사망한 것으로 **본다**. ( ) ▸ 2017

3 수인(數人)이 동일한 위난으로 사망한 경우, 그들은 동시에 사망한 것으로 추정되므로 이 추정이 깨어지지 않는 한 그들 사이에는 상속이 일어나지 않는다. ( ) ▸ 2019

4 피상속인과 그의 직계비속 또는 형제자매가 동시에 사망한 것으로 추정되는 경우에도 대습상속이 인정된다. ( ) ▸ 2020

5 인정사망에 의한 가족관계등록부에의 기재는 그 기재된 사망일에 사망한 것으로 추정하는 효력을 가진다. ( ) ▸ 2019

정답 01 ○ 02 × 03 ○ 04 ○ 05 ○

Chapter
03 법인

제1절 총칙

제31조【법인성립의 준칙】
법인은 **법률의 규정**에 의함이 아니면 **성립**하지 못한다. ▸ 2017

제32조【비영리법인의 성립과 허가】
학술, 종교, 자선, 기예, 사교 기타 영리 아닌 사업을 목적으로 하는 사단 또는 재단은 주무관청의 **허가**를 얻어 이를 법인으로 할 수 있다.

제33조【법인설립의 등기】
법인은 그 주된 사무소의 소재지에서 **설립등기**를 함으로써 **성립**한다. ▸ 2025

OX Check Point

1 법인은 설립등기를 함으로써 성립한다. ( ) ▸ 2020

2 사단법인의 하부조직 중 하나라 하더라도 스스로 단체의 실체를 갖추고 독자활동을 한다면 독립된 법인 아닌 사단으로 볼 수 있다. ( ) ▸ 2017, 2020

3 단체의 실체를 갖추어 법인 아닌 사단으로 성립하기 전에 설립주체인 개인이 취득한 권리·의무는 바로 법인 아닌 사단에 **귀속된다**. ( ) ▸ 2020

4 비법인 재단의 경우에도 대표자가 있는 때에는 재단명의로 그 재단에 속하는 부동산의 등기를 할 수 있다. ( ) ▸ 2015, 2020

정답 01 ○ 02 ○ 03 × 04 ○

제34조【법인의 권리능력】

법인은 법률의 규정에 좇아 **정관으로 정한 목적의 범위 내**에서 권리와 의무의 주체가 된다.

OX Check Point

1 법인은 법률의 규정에 좇아 정관으로 정한 목적의 범위 내에서 권리와 의무의 주체가 된다는 민법 제34조는 정관이 있는 비법인사단에 유추적용할 수 있다. ( ) ▸ 2018

정답 01 O

제35조【법인의 불법행위능력】

① **법인**은 이사 기타 **대표자**가 **그 직무**에 관하여 **타인**에게 **가한 손해**를 배상할 **책임이 있다**. 이사 기타 **대표자는** 이로 인하여 자기의 **손해배상책임을 면하지 못한다**.

② 법인의 **목적범위 외의 행위**로 인하여 타인에게 손해를 가한 때에는 그 사항의 **의결에 찬성**하거나 그 **의결을 집행**한 사원, 이사 및 기타 대표자가 **연대**하여 **배상하여야** 한다. ▸ 2017

OX Check Point

1 법인의 불법행위책임이 성립하기 위해서는 대표기관의 행위일 것이 요구되며, 여기서의 대표기관에는 사실상의 대표자도 포함된다. ( ) ▸ 2019

2 대표자는 그 명칭이나 직위는 문제되지 않으며, 대표자로 등기되지 않은 자도 이에 포함될 수 있다. ( ) ▸ 2018, 2021

3 법인의 대표자는 그 명칭이나 직위 여하가 아니라 **법인등기를 기준으로 엄격하게 확정하여야 한다**. ( ) ▸ 2020

4 **대표권 없는 이사**가 그 직무와 관련하여 타인에게 손해를 가한 경우, 법인의 불법행위책임이 **성립한다**. ( ) ▸ 2021

5 행위의 외형상 직무행위로 인정할 수 있으면, 대표자 개인의 이익을 위한 것이거나 법령에 위반한 것이라도 직무에 관한 행위이다. ( ) ▸ 2018, 2020, 2025

6 외형상 직무행위로 인정되는 대표자의 권한 남용행위에 대해서도 법인의 불법행위 책임이 인정될 수 있다. ( ) ▸ 2021

7 대표자의 행위가 직무에 관한 것이 아님을 **알았거나 중대한 과실로** 모른 피해자는 법인에 손해배상책임을 물을 수 없다. ( ) ▸ 2018, 2020, 2021

8 피해자 丙이 대표이사 乙의 행위가 실제로는 직무에 관한 행위에 해당하지 않는다는 사실을 알았거나 중대한 과실로 알지 못한 경우에는 甲사단법인에게 손해배상책임을 물을 수 없다. ( ) ▸ 2022 사례

9 법인이 대표이사의 직무상 불법행위로 인해 손해배상책임이 있는 경우 그 이사는 이로 인하여 자기의 손해배상책임을 면하지 못한다. ( ) ▸ 2016, 2021, 2025

10 대표이사 乙의 불법행위로 인해 甲사단법인이 丙에 대해 손해배상책임을 지는 경우에도 대표이사 乙은 丙에 대한 자기의 손해배상책임을 면하지 못한다.( ) ▸ 2022 사례

11 법인의 책임이 성립하는 경우 특별한 사정이 없는 한, 사원이 그 사항의 총회의결에 찬성했다는 사실만으로 법인과 연대책임을 부담하지는 않는다. ( ) ▸ 2018

12 법인책임이 대표자의 고의적인 불법행위로 인한 경우에도 피해자에게 과실이 있다면, 법원은 이를 참작하여야 한다. ( ) ▸ 2018

13 甲사단법인의 손해배상책임 원인이 대표이사 乙의 고의적인 불법행위인 경우에는 피해자 丙에게 과실이 있더라도 과실상계의 법리가 적용될 수 **없다**. ( ) ▸ 2022

14 법인은 이사 기타 대표자가 그 직무에 관하여 타인에게 가한 손해를 배상할 책임이 있다는 민법 제35조 제1항은 정관이 있는 비법인사단에 유추적용할 수 있다. ( ) ▸ 2018, 2022

15 비법인사단의 대표자의 행위가 외관상·객관적으로 직무에 관한 행위로 인정될 수 있으면, 그의 행위가 직무에 관한 것이 아님을 피해자가 **중대한 과실로 알지 못한 경우**에도 비법인사단에게 **손해배상책임을 물을 수 있다**. ( ) ▸ 2017, 2025

16 비법인사단 A의 유일한 대표자 甲은 乙에게 대표자로서의 모든 권한을 포괄적으로 위임하고 자신은 이사의 직무를 집행하지 않았다. 乙이 A의 사실상 대표자로서 사무를 집행하면서 그 직무에 관한 불법행위로 丁에게 손해를 입힌 경우, A는 丁에 대하여 법인의 불법행위로 인한 손해배상책임을 부담한다. ( ) ▸ 2024

정답 01 ○ 02 ○ 03 × 04 × 05 ○ 06 ○ 07 ○ 08 ○ 09 ○ 10 ○
11 ○ 12 ○ 13 × 14 ○ 15 × 16 ○

第36條【법인의 주소】
법인의 주소는 그 주된 사무소의 소재지에 있는 것으로 한다.

第37條【법인의 사무의 검사, 감독】
법인의 **사무**는 **주무관청**이 검사, 감독한다.

第38條【법인의 설립허가의 취소】
법인이 목적 이외의 사업을 하거나 설립허가의 조건에 위반하거나 기타 공익을 해하는 행위를 한 때에는 주무관청은 그 허가를 취소할 수 있다.

第39條【영리법인】
① 영리를 목적으로 하는 사단은 상사회사설립의 조건에 좇아 이를 법인으로 할 수 있다.
② 전항의 사단법인에는 모두 상사회사에 관한 규정을 준용한다.

제2절 설립

제40조【사단법인의 정관】

사단법인의 설립자는 다음 각 호의 사항을 기재한 정관을 작성하여 기명날인하여야 한다.

1. **목**적
2. **명**칭
3. **사**무소의 소재지
4. **자**산에 관한 규정
5. **이**사의 임면에 관한 규정
6. **사**원자격의 득실에 관한 규정
7. **존**립시기나 해산사유를 정하는 때에는 그 시기 또는 사유

OX Check Point

1 어느 사단법인과 다른 사단법인의 동일 여부는, 다른 사정이 없으면 사원의 동일 여부를 기준으로 결정된다. (　) ▸ 2020

2 사단법인의 사원자격의 득실에 관한 규정은 정관의 필요적 기재사항이다. (　) ▸ 2022

3 감사의 임면에 관한 사항은 정관의 **필요적** 기재사항이다. (　) ▸ 2023

4 정관에 이사의 해임사유에 관한 규정이 있는 경우, 법인은 특별한 사정이 없는 한 정관에서 정하지 않은 사유로 이사를 해임할 수 없다. (　) ▸ 2024

5 설립자가 법인의 해산사유를 정하는 경우에는 정관에 그 사유를 기재하여야 한다. (　) ▸ 2024

6 사원총회 결의에 의한 정관의 해석은 정관의 규범적 의미와 다르더라도 법인의 구성원을 구속하는 효력이 **있다**. (　) ▸ 2024

정답 01 ○ 02 ○ 03 × 04 ○ 05 ○ 06 ×

제41조【이사의 대표권에 대한 제한】

이사의 대표권에 대한 제한은 이를 **정관에 기재**하지 아니하면 그 **효력**이 없다.

OX Check Point

1 사단법인에서 이사의 대표권에 대한 제한은 **정관에 기재되지 않더라도 효력이 있다.** ( ) ▸ 2018

정답 01 ×

제42조【사단법인의 정관의 변경】

① 사단법인의 정관은 **총사원 3분의 2 이상의 동의**가 있는 때에 한하여 이를 변경할 수 있다. 그러나 정수에 관하여 정관에 다른 규정이 있는 때에는 그 규정에 의한다.

② 정관의 변경은 **주무관청의 허가**를 얻지 아니하면 그 효력이 없다.

OX Check Point

1 사단법인의 정관에 다른 규정이 없는 한, 그 정관은 총사원 3분의 2 이상의 동의가 있는 때에 한하여 이를 변경할 수 있다. ( ) ▸ 2016, 2017, 2025

2 사단법인의 정관변경은 **법원**의 허가를 얻지 않으면 그 효력이 없다. ( ) ▸ 2018

3 정관의 임의적 기재사항은 정관에 기재되더라도 **정관의 변경절차 없이** 변경할 수 **있다.** ( ) ▸ 2023

4 정관변경의 의결정족수가 충족되면 **주무관청의 허가가 없어도** 정관변경의 **효력이 생긴다.** ( ) ▸ 2023

정답 01 ○ 02 × 03 × 04 ×

제43조【재단법인의 정관】
재단법인의 설립자는 일정한 **재산을 출연**하고 제40조 **제1호 내지 제5호의 사항**을 기재한 정관을 작성하여 기명날인하여야 한다.

OX Check Point

1 재단법인 설립자는 정관에 **그 존립시기나 해산사유**를 기재하고 **기명날인하여야 한다**. ( ) ▸ 2018

정답 01 ×

제44조【재단법인의 정관의 보충】
재단법인의 설립자가 그 **명칭**, **사**무소 소재지 또는 이사**임면**의 방법을 정하지 아니하고 사망한 때에는 이해관계인 또는 검사의 청구에 의하여 **법원**이 이를 정한다. → 사단법인의 경우에는 정관의 보충에 관한 규정이 없다.

OX Check Point

1 재단법인 설립자가 이사의 임면방법을 정하지 아니하고 사망한 경우, 이해관계인의 청구에 의하여 **주무관청**이 이를 정한다. ( ) ▸ 2018

정답 01 ×

제45조【재단법인의 정관변경】

① 재단법인의 정관은 그 변경방법을 **정관에 정한 때**에 **한하여** 변경할 수 있다.

② 재단법인의 목적달성 또는 그 재산의 보전을 위하여 적당한 때에는 전항의 규정에 불구하고 **명**칭 또는 **사**무소의 소재지를 변경할 수 있다.

③ 제42조 제2항의 규정은 전2항의 경우에 준용한다. → 재단법인의 기본재산은 법인의 실체이고 정관의 필요적 기재사항이므로 그 처분행위는 곧 정관의 변경에 해당한다.

OX Check Point

1 재단법인의 재산보전을 위하여 적당한 때에는 정관에 변경방법이 없더라도 명칭 또는 사무소의 소재지를 변경할 수 있다. ( ) ▸ 2018

2 재단법인의 정관변경은 그 변경방법을 정관에서 정한 때에도 주무관청의 허가를 얻지 않으면 그 효력이 없다. ( ) ▸ 2021, 2022

3 재단법인의 기본재산에 관한 근저당권 설정행위는 특별한 사정이 없는 한 주무관청의 허가를 얻을 필요가 없다. ( ) ▸ 2021, 2023

4 재단법인의 기본재산 변경 시, 그로 인하여 **기본재산이 새로이 편입되는 경우에는** 주무관청의 허가를 얻을 필요가 **없다.** ( ) ▸ 2021, 2023

정답 01 ○ 02 ○ 03 ○ 04 ×

제46조【재단법인의 목적 기타의 변경】

재단법인의 목적을 달성할 수 없는 때에는 설립자나 이사는 주무관청의 허가를 얻어 설립의 취지를 참작하여 그 목적 기타 정관의 규정을 변경할 수 있다.

제47조【증여, 유증에 관한 규정의 준용】

① 생전처분으로 재단법인을 설립하는 때에는 증여에 관한 규정을 준용한다.

② 유언으로 재단법인을 설립하는 때에는 유증에 관한 규정을 준용한다.

제48조【출연재산의 귀속시기】

① 생전처분으로 재단법인을 설립하는 때에는 출연재산은 **법인이 성립된 때로부터** 법인의 재산이 된다.

② 유언으로 재단법인을 설립하는 때에는 출연재산은 **유언의 효력이 발생한 때**(→ 유언자의 사망 시)로부터 법인에 귀속한 것으로 본다.

OX Check Point

1 재단법인의 설립을 위해 부동산의 출연이 행해진 경우, 그 부동산의 소유권은 **그 출연 시**에 곧바로 설립중인 재단법인에게 귀속된다. ( ) ▸ 2019

2 재단법인의 설립을 위해 부동산을 출연한 경우, 출연자와 재단법인 사이에서도 그 부동산은 소유권이전**등기 없이**는 재단법인의 **소유가 되지 않는다**. ( ) ▸ 2015

정답 01 × 02 ×

제49조【법인의 등기사항】

① 법인설립의 허가가 있는 때에는 3주간 내에 주된 사무소 소재지에서 **설립등기**를 하여야 한다. ▸ 2025

② 전항의 등기사항은 다음과 같다.

1. 목적
2. 명칭
3. 사무소
4. 설립허가의 연월일
5. 존립시기나 해산이유를 정한 때에는 그 시기 또는 사유
6. 자산의 총액
7. 출자의 방법을 정한 때에는 그 방법
8. **이사의 성명, 주소**
9. 이사의 대표권을 제한한 때에는 그 제한

OX Check Point

1 사원자격의 득실에 관한 사항은 사단법인의 **필수등기사항이다**. ( ) ▸ 2025

정답 01 ×

제50조【분사무소(分事務所) 설치의 등기】
법인이 분사무소를 설치한 경우에는 주사무소(主事務所)의 소재지에서 3주일 내에 분사무소 소재지와 설치 연월일을 등기하여야 한다.

제51조【사무소 이전의 등기】
① 법인이 주사무소를 이전한 경우에는 종전 소재지 또는 새 소재지에서 3주일 내에 새 소재지와 이전 연월일을 등기하여야 한다.
② 법인이 분사무소를 이전한 경우에는 주사무소 소재지에서 3주일 내에 새 소재지와 이전 연월일을 등기하여야 한다.

제52조【변경등기】
제49조 제2항의 사항 중에 변경이 있는 때에는 3주간 내에 변경등기를 하여야 한다.

제52조의2【직무집행정지 등 가처분의 등기】
이사의 직무집행을 정지하거나 직무대행자를 선임하는 가처분을 하거나 그 가처분을 변경·취소하는 경우에는 주사무소가 있는 곳의 등기소에서 이를 등기하여야 한다.

제53조【등기기간의 기산】
전3조의 규정에 의하여 등기할 사항으로 관청의 허가를 요하는 것은 그 허가서가 도착한 날로부터 등기의 기간을 기산한다.

제54조【설립등기 이외의 등기의 효력과 등기사항의 공고】
① 설립등기 이외의 본 절의 등기사항은 그 등기 후가 아니면 제3자에게 대항하지 못한다.
② 등기한 사항은 법원이 지체 없이 공고하여야 한다.

OX Check Point

1 이사의 변경등기는 **대항요건이 아니라 효력발생요건이다.** ( ) ▸ 2023, 2025

정답 01 ×

제55조【재산목록과 사원명부】
① 법인은 성립한 때 및 매년 3월 내에 재산목록을 작성하여 사무소에 비치하여야 한다. 사업연도를 정한 법인은 성립한 때 및 그 연도 말에 이를 작성하여야 한다.
② 사단법인은 사원명부를 비치하고 사원의 변경이 있는 때에는 이를 기재하여야 한다.

제56조【사원권의 양도, 상속금지】
사단법인의 사원의 지위는 양도 또는 상속할 수 없다.

OX Check Point

1 사단법인의 사원의 지위를 양도·상속할 수 있다는 규약은 강행규정이 아니다. ( ) ▸ 2020 변형

2 사단법인의 사원의 지위는 양도 또는 상속할 수 없고, 이는 **정관으로 달리 정할 수 없다**. ( ) ▸ 2017, 2024

3 비법인사단의 사원의 지위는 규약에 의하여 상속될 수 있다. ( ) ▸ 2025

정답 01 ○ 02 × 03 ○

제3절 기관

제57조【이사】
법인은 **이사**를 **두어야** 한다.

제58조【이사의 사무집행】
① 이사는 법인의 사무를 집행한다.
② 이사가 수인인 경우에는 정관에 다른 규정이 없으면 법인의 **사무집행**은 이사의 **과반수**로써 결정한다. ▸ 2017

OX Check Point

1 甲사단법인이 3인의 이사(乙, 丙, 丁)를 두고 있는 경우, 甲의 대내적 사무집행은 정관에 다른 규정이 없으면 乙, 丙, 丁의 과반수로써 결정한다. ( ) ▸ 2022 사례

정답 01 ○

제59조【이사의 대표권】
① 이사는 법인의 사무에 관하여 **각자** 법인을 **대표**한다. 그러나 정관에 규정한 취지에 위반할 수 없고 특히 사단법인은 총회의 의결에 의하여야 한다.
② 법인의 대표에 관하여는 **대리**에 관한 규정을 **준용**한다.

OX Check Point

1 이사가 수인인 경우, 특별한 사정이 없는 한 법인의 사무에 관하여 이사는 공동으로 법인을 대표한다. ( ) ▸ 2023

2 甲사단법인이 3인의 이사(乙, 丙, 丁)를 두고 있는 경우, 乙, 丙, 丁은 甲의 사무에 관하여 원칙적으로 각자 甲을 대표한다. ( ) ▸ 2022 사례

3 법인의 대표기관이 법인을 위하여 계약을 체결한 경우, 다른 사정이 없으면 그 성립의 효과는 직접 법인에 미치고 계약을 위반한 때에는 법인이 손해를 배상할 책임이 있다. ( ) ▸ 2020, 2024

4 사단법인 A의 대표이사 甲이 자신의 사익을 도모할 목적으로 대표권 범위 내에서 계약을 체결한 경우, 乙이 이 사실에 대해 알았다면 계약은 A에 대하여 효력이 없다. ( ) ▸ 2024

5 사단법인 A의 대표이사 甲이 A를 대표하여 乙과 금전소비대차계약을 체결하였다. A의 乙에 대한 계약상 채무불이행책임 여부를 판단하는 경우, 원칙적으로 A의 고의·과실은 甲을 기준으로 결정한다. ( ) ▸ 2024

정답 01 × 02 ○ 03 ○ 04 ○ 05 ○

제60조【이사의 대표권에 대한 제한의 대항요건】
이사의 대표권에 대한 제한은 **등기**하지 **아니하면 제3자에게 대항**하지 **못한다.**

OX Check Point

1 사단법인 이사의 대표권 제한은 등기되지 않았다고 하더라도 정관에 그 기재가 있는 한, **악의의 제3자에게 대항할 수 있다**. ( ) ▸ 2019, 2021
∵ 등기하지 않으면 악의의 제3자에도 대항불가

2 甲사단법인의 정관에 대표이사 乙의 대표권 제한에 관한 규정이 있더라도 이를 등기하지 않으면 그와 같은 정관의 규정에 대해 악의인 제3자에 대해서도 대항할 수 없다. ( ) ▸ 2022, 2024 사례

3 비법인사단에 대하여는 법인격을 전제로 하는 것을 제외하고는 사단법인에 관한 민법규정을 유추적용한다. ( ) ▸ 2015

4 이사의 대표권에 대한 제한은 등기하지 아니하면 제3자에게 대항하지 못한다는 민법 제60조는 정관이 있는 비법인사단에도 유추적용할 수 없다. ( ) ▸ 2018 변형

5 법인 아닌 사단은 대표권제한을 등기할 수 없으므로 거래상대방이 사원총회가 대표권 제한을 결의한 사실을 몰랐고 모른데 잘못이 없으면, 제한을 넘는 이사의 거래행위는 유효하다. ( ) ▸ 2020

6 비법인사단의 대표자가 총유물의 관리·처분과 무관한 대외적 거래행위에 관하여 사원총회의 결의를 거치도록 한 정관 규정에 위반하여 그러한 거래행위를 한 경우, 상대방이 그와 같은 대표권 제한 사실을 알 수 없었다면 그 거래행위는 유효하다. ( ) ▸ 2015

정답 01 × 02 ○ 03 ○ 04 ○ 05 ○ 06 ○

제60조의2【직무대행자의 권한】

① 제52조의2의 직무대행자는 가처분명령에 다른 정함이 있는 경우 외에는 법인의 **통상사무**에 속하지 아니한 행위를 하지 못한다. 다만, 법원의 허가를 얻은 경우에는 그러하지 아니하다.

② 직무대행자가 제1항의 규정에 위반한 행위를 한 경우에도 법인은 선의의 제3자에 대하여 책임을 진다.

OX Check Point

1 법원의 직무집행정지 가처분결정에 의해 권한이 정지된 대표이사가 그 정지기간 중 체결한 계약은 그 후 가처분신청이 취하되었더라도 무효이다. ( ) ▸ 2024

정답 01 ○

제61조【이사의 주의의무】

이사는 선량한 관리자의 주의로 그 직무를 행하여야 한다.

OX Check Point

1 민법에서 법인과 그 기관인 이사의 관계는 위임인과 수임인의 법률관계와 같다. ( ) ▸ 2020

2 비법인사단 A의 유일한 대표자 甲은 乙에게 대표자로서의 모든 권한을 포괄적으로 위임하고 자신은 이사의 직무를 집행하지 않았다. 甲의 행위는 이사의 직무상 선량한 관리자의 주의의무를 위반한 행위이다. ( ) ▸ 2024

정답 01 ○ 02 ○

제62조【이사의 대리인선임】
이사는 정관 또는 총회의 결의로 금지하지 아니한 사항에 한하여 타인으로 하여금 **특정**한 행위를 대리하게 할 수 있다.

OX Check Point

1 이사에 의해 선임된 대리인은 법인의 대표기관이 아니다. ( ) ▸ 2016

2 甲사단법인이 3인의 이사(乙, 丙, 丁)를 두고 있는 경우, 丙이 제3자에게 甲의 제반 사무를 포괄 위임한 경우, 그에 따른 제3자의 사무대행행위는 원칙적으로 甲에게 효력이 없다. ( ) ▸ 2022 사례

3 이사는 정관 또는 총회의 결의로 금지하지 아니한 사항에 한하여 타인으로 하여금 특정한 행위를 대리하게 할 수 있다는 민법 제62조는 정관이 있는 비법인사단에 유추적용할 수 있다. ( ) ▸ 2018

4 비법인사단의 대표자는 자신의 업무를 타인에게 **포괄적**으로 위임할 수 **있다**. ( ) ▸ 2021, 2023

5 비법인사단 A의 유일한 대표자 甲은 乙에게 대표자로서의 모든 권한을 포괄적으로 위임하고 자신은 이사의 직무를 집행하지 않았다. 乙이 A의 사실상 대표자로서 丙과 금전소비대차계약을 체결한 경우, **그 계약의 효력은 원칙적으로 A에게 미친다.** ( ) ▸ 2024

정답 01 ○ 02 ○ 03 ○ 04 × 05 ×

제63조【임시이사의 선임】
이사가 **없**거나 **결원**이 있는 경우에 이로 인하여 손해가 생길 염려가 있는 때에는 **법원**은 **이**해관계인이나 **검**사의 **청**구에 의하여 **임시이사**를 선임**하여야** 한다.

OX Check Point

1 이사가 없는 경우에 이로 인하여 손해가 생길 염려가 있는 때에는 법원은 이해관계인이나 검사의 청구에 의해 임시이사를 선임하여야 한다. ( ) ▸ 2016

2 甲사단법인이 3인의 이사(乙, 丙, 丁)를 두고 있는 경우에 甲의 토지를 丁이 매수하기로 한 경우, 이 사항에 관하여 丁은 대표권이 없으므로 법원은 이해관계인이나 검사의 청구에 의하여 **임시이사를 선임하여야 한다**. ( ) ▸ 2022 사례

3 이사의 선임에 관한 민법 제63조는 비법인사단에 유추적용될 수 **없다**. ( ) ▸ 2021

정답 01 ○ 02 × 03 ×

제64조【특별대리인의 선임】
법인과 이사의 **이익이 상반하는 사항**에 관하여는 이사는 대표권이 없다. 이 경우에는 전조의 규정에 의하여 **특별대리인**을 선임하여야 한다.

OX Check Point

1 사단법인 A의 대표이사 甲이 A를 대표하여 체결한 계약이 甲과 A의 이해가 상반하는 사항인 경우, 甲은 계약체결에 대해 대표권이 없다. ( ) ▸ 2024

2 특별대리인은 임시기관으로 법인의 대표기관이다. ( ) ▸ 2016

정답 01 ○ 02 ○

제65조【이사의 임무해태】
이사가 그 임무를 해태한 때에는 그 이사는 법인에 대하여 연대하여 손해배상의 책임이 있다.

제66조【감사】
법인은 정관 또는 총회의 결의로 **감사**를 **둘 수** 있다.

OX Check Point

1 재단법인의 감사는 임의기관이다. ( ) ▸ 2019

2 감사는 **필요기관**으로 그 성명과 주소를 **등기하여야 한다**. ( ) ▸ 2016

정답 01 ○ 02 ×

제67조【감사의 직무】
감사의 직무는 다음과 같다.
1. 법인의 재산상황을 감사하는 일
2. 이사의 업무집행의 상황을 감사하는 일
3. 재산상황 또는 업무집행에 관하여 부정, 불비한 것이 있음을 발견한 때에는 이를 총회 또는 주무관청에 보고하는 일
4. 전호의 보고를 하기 위하여 필요 있는 때에는 총회를 소집하는 일

제68조【총회의 권한】
사단법인의 사무는 정관으로 이사 또는 기타 임원에게 위임한 사항 외에는 총회의 결의에 의하여야 한다.

OX Check Point

1 사원총회에는 대외적인 대표권이나 대내적인 업무집행권이 없다. (　) ▸ 2016

2 사단법인의 **정관 변경에 관한 사원총회의 권한**은 **정관**에 의해 **박탈**할 수 **있다**. (　) ▸ 2023

3 사단법인의 사무는 정관으로 이사 또는 기타 임원에게 위임한 사항 외에는 총회의 결의에 의하여야 한다는 민법 제68조는 정관이 있는 비법인사단에 유추적용할 수 있다. (　) ▸ 2018

정답 01 ○ 02 × 03 ○

제69조【통상총회】
사단법인의 이사는 **매년 1회 이상** 통상총회를 소집하여야 한다.

제70조【임시총회】
① 사단법인의 **이사는** 필요하다고 인정한 때에는 임시총회를 소집할 수 있다.
② **총사원의 5분의 1 이상**으로부터 **회의의 목적사항을 제시**하여 **청구**한 때에는 **이사는** 임시총회를 **소집하여야** 한다. 이 정수는 정관으로 증감할 수 있다.
③ 전항의 청구가 있은 후 2주간 내에 이사가 총회소집의 절차를 밟지 아니한 때에는 청구한 **사원은** 법원의 허가를 얻어 이를 소집할 수 있다.

OX Check Point

1 정관에 다른 규정이 없는 한, 총사원의 5분의 1 이상이 회의의 목적사항을 제시하여 총회 소집을 청구한 경우에 이사는 임시총회를 소집하여야 한다. (　) ▸ 2016, 2025

정답 01 ○

제71조【총회의 소집】
총회의 소집은 **1주간 전**에 그 회의의 목적사항을 기재한 통지를 **발**하고 기타 정관에 정한 방법에 의하여야 한다.

제72조【총회의 결의사항】
총회는 전조의 규정에 의하여 **통지한 사항에 관하여서만 결의**할 수 있다. 그러나 정관에 다른 규정이 있는 때에는 그 규정에 의한다.

OX Check Point

1 총회는, 정관에 규정이 있으면, 소집 통지에 기재한 목적사항 이외에 대해서도 결의할 수 있다. ( ) ▸ 2016

2 법인 아닌 사단의 총회 결의에 대해서는 민법상 사단법인에 대한 규정이 유추적용될 수 있다. ( ) ▸ 2019

3 재건축조합의 총회에서는 정관에 다른 정함이 없는 한 소집 1주간 전에 통지된 그 회의의 목적 사항에 관하여만 결의할 수 있다. ( ) ▸ 2017

4 소집절차에 하자가 있어 그 효력을 인정할 수 없는 종중총회의 결의라도 후에 적법하게 소집된 종중총회에서 이를 추인하면 처음부터 유효로 된다. ( ) ▸ 2017

정답 01 O 02 O 03 O 04 O

제73조【사원의 결의권】

① 각 사원의 결의권은 평등으로 한다.

② 사원은 서면이나 대리인으로 결의권을 행사할 수 있다.

③ 전2항의 규정은 정관에 다른 규정이 있는 때에는 적용하지 아니한다.

OX Check Point

1 각 사원은 평등한 결의권을 가지며, **정관으로도 달리 정할 수 없다**. ( ) ▸ 2016

정답 01 ×

제74조【사원이 결의권 없는 경우】

사단법인과 어느 사원과의 관계사항을 의결하는 경우에는 그 사원은 결의권이 없다.

OX Check Point

1 사단법인과 어느 사원과의 관계사항을 의결하는 경우에는 원칙적으로 그 사원은 결의권이 없다. ( ) ▸ 2022

정답 01 ○

第75条【총회의 결의방법】

① 총회의 결의는 본법 또는 정관에 다른 규정이 없으면 사원 과반수의 출석과 출석사원의 결의권의 과반수로써 한다.

② 제73조 제2항의 경우에는 당해 사원은 출석한 것으로 본다.

OX Check Point

1 이사회에서 법인과 어느 이사와의 관계사항을 의결하는 경우, 그 이사는 의사정족수 산정의 기초가 되는 이사의 수에 포함된다. ( ) ▸ 2023

정답 01 ○

第76条【총회의 의사록】

① 총회의 의사에 관하여는 의사록을 작성하여야 한다.

② 의사록에는 의사의 경과, 요령 및 결과를 기재하고 의장 및 출석한 이사가 기명날인하여야 한다.

③ 이사는 의사록을 주된 사무소에 비치하여야 한다.

제4절 해산

제77조【해산사유】

① 법인은 존립기간의 만료, 법인의 목적의 달성 또는 달성의 불능 기타 정관에 정한 해산사유의 발생, 파산 또는 설립허가의 취소로 해산한다.

② **사단법인**은 사원이 없게 되거나 총회의 결의로도 해산한다.

제78조【사단법인의 해산결의】

사단법인은 **총사원 4분의 3 이상의 동의**가 없으면 해산을 결의하지 못한다. 그러나 정관에 다른 규정이 있는 때에는 그 규정에 의한다.

OX Check Point

1 사단법인은 특별한 사정이 없는 한 총사원의 **5분의 3 이상** 동의한 경우에 해산을 결의할 수 있다. (　) ▸ 2025

정답 01 ×

제79조【파산신청】

법인이 채무를 완제하지 못하게 된 때에는 이사는 지체 없이 파산신청을 하여야 한다.

제80조【잔여재산의 귀속】

① 해산한 법인의 재산은 **정관**으로 **지정한 자**에게 귀속한다.

② 정관으로 귀속권리자를 지정하지 아니하거나 이를 지정하는 방법을 정하지 아니한 때에는 이사 또는 청산인은 주무관청의 허가를 얻어 그 법인의 목적에 **유사한 목적을 위하여** 그 재산을 처분할 수 있다. 그러나 사단법인에 있어서는 총회의 결의가 있어야 한다.

③ 전2항의 규정에 의하여 처분되지 아니한 재산은 **국고에 귀속**한다.

OX Check Point

1 민법상 법인의 청산절차에 관한 규정에 반하는 합의에 의한 잔여재산처분행위는 특별한 사정이 없는 한 무효이다. ( ) ▸ 2022

정답 01 O

제81조【청산법인】

해산한 법인은 청산의 목적범위 내에서만 권리가 있고 의무를 부담한다.

제82조【청산인】

법인이 해산한 때에는 파산의 경우를 제하고는 이사가 청산인이 된다. 그러나 정관 또는 총회의 결의로 달리 정한 바가 있으면 그에 의한다.

제83조【법원에 의한 청산인의 선임】

전조의 규정에 의하여 청산인이 될 자가 없거나 청산인의 결원으로 인하여 손해가 생길 염려가 있는 때에는 법원은 직권 또는 이해관계인이나 검사의 청구에 의하여 청산인을 선임할 수 있다.

第84条【법원에 의한 청산인의 해임】
중요한 사유가 있는 때에는 법원은 직권 또는 이해관계인이나 검사의 청구에 의하여 청산인을 해임할 수 있다.

第85条【해산등기】
① 청산인은 법인이 파산으로 해산한 경우가 아니면 취임 후 3주일 내에 다음 각 호의 사항을 주사무소 소재지에서 등기하여야 한다.
1. 해산 사유와 해산 연월일
2. 청산인의 성명과 주소
3. 청산인의 대표권을 제한한 경우에는 그 제한

② 제1항의 등기에 관하여는 제52조를 준용한다.

第86条【해산신고】
① 청산인은 파산의 경우를 제하고는 취임 후 3주간 내에 전조 제1항의 사항을 주무관청에 신고하여야 한다.
② 청산 중에 취임한 청산인은 그 성명 및 주소를 신고하면 된다.

第87条【청산인의 직무】
① 청산인의 직무는 다음과 같다.
1. 현존사무의 종결
2. 채권의 추심 및 채무의 변제
3. 잔여재산의 인도

② 청산인은 전항의 직무를 행하기 위하여 필요한 모든 행위를 할 수 있다.

제88조【채권신고의 공고】

① 청산인은 취임한 날부터 2개월 내에 3회 이상의 공고로 채권자에 대하여 일정한 기간 내에 그 채권을 신고할 것을 최고하여야 한다. 그 기간은 2개월 이상이어야 한다.

② 전항의 공고에는 채권자가 기간 내에 신고하지 아니하면 청산으로부터 제외될 것을 표시하여야 한다.

③ 제1항의 공고는 법원의 등기사항의 공고와 동일한 방법으로 하여야 한다.

제89조【채권신고의 최고】

청산인은 알고 있는 채권자에게 대하여는 각각 그 채권신고를 최고하여야 한다. 알고 있는 채권자는 청산으로부터 제외하지 못한다.

제90조【채권신고기간 내의 변제금지】

청산인은 제88조 제1항의 채권신고기간 내에는 채권자에 대하여 변제하지 못한다. 그러나 법인은 채권자에 대한 지연손해배상의 의무를 면하지 못한다.

OX Check Point

1 청산 중 법인의 청산인은 채권신고기간 내에는 채권자에 대하여 변제할 수 없으므로 법인은 그 기간 동안 지연배상 책임을 **면한다**. ( ) ▸ 2022

정답 01 ×

제91조【채권변제의 특례】

① 청산 중의 법인은 변제기에 이르지 아니한 채권에 대하여도 변제할 수 있다.

② 전항의 경우에는 조건 있는 채권, 존속기간의 불확정한 채권 기타 가액의 불확정한 채권에 관하여는 법원이 선임한 감정인의 평가에 의하여 변제하여야 한다.

제92조【청산으로부터 제외된 채권】

청산으로부터 제외된 채권자는 법인의 채무를 완제한 후 귀속권리자에게 인도하지 아니한 재산에 대하여서만 변제를 청구할 수 있다.

제93조【청산 중의 파산】

① 청산 중 법인의 재산이 그 채무를 완제하기에 부족한 것이 분명하게 된 때에는 청산인은 지체 없이 파산선고를 신청하고 이를 공고하여야 한다.

② 청산인은 파산관재인에게 그 사무를 인계함으로써 그 임무가 종료한다.

③ 제88조 제3항의 규정은 제1항의 공고에 준용한다.

제94조【청산종결의 등기와 신고】

청산이 종결한 때에는 청산인은 3주간 내에 이를 등기하고 주무관청에 신고하여야 한다.

OX Check Point

1 청산이 종결한 때에는 청산인은 3주간 내에 이를 등기해야 한다. ( ) ▸ 2025

2 법인에 대한 청산종결등기가 경료된 경우에도 청산사무가 종결되지 않는 한 그 범위 내에서는 청산법인으로서 존속한다. ( ) ▸ 2021

정답 01 O 02 O

제95조【해산, 청산의 검사, 감독】

법인의 **해산 및 청산**은 **법원**이 검사, 감독한다.

제96조【준용규정】

제58조 제2항(이사의 사무집행), 제59조 내지 제62조(이사의 대표권, 동제한, 주의의무, 대리인선임), 제64조(특별대리인의 선임), 제65조 및 제70조(이사의 임무해태, 임시총회의 소집)의 규정은 청산인에 이를 준용한다.

제5절 벌칙

제97조【벌칙】

법인의 이사, 감사 또는 청산인은 다음 각 호의 경우에는 500만원 이하의 과태료에 처한다.

1. 본장에 규정한 등기를 해태한 때
2. 제55조의 규정에 위반하거나 재산목록 또는 사원명부에 부정기재를 한 때
3. 제37조, 제95조에 규정한 검사, 감독을 방해한 때
4. 주무관청 또는 총회에 대하여 사실 아닌 신고를 하거나 사실을 은폐한 때
5. 제76조와 제90조의 규정에 위반한 때
6. 제79조, 제93조의 규정에 위반하여 파산선고의 신청을 해태한 때
7. 제88조, 제93조에 정한 공고를 해태하거나 부정한 공고를 한 때

Chapter 04

물건

제98조【물건의 정의】
본법에서 **물건**이라 함은 **유체물** 및 전기 기타 **관리할 수 있는 자연력**을 말한다.

OX Check Point

1 사람의 유골은 매장·관리의 대상이 될 수 있는 유체물이다. ( ) ▸ 2022

2 전기 기타 관리할 수 있는 자연력은 물건이다. ( ) ▸ 2022

정답 01 ○ 02 ○

제99조【부동산, 동산】
① 토지 및 그 정착물은 부동산이다.
② 부동산 이외의 물건은 동산이다.

OX Check Point

1 토지의 개수는 공간정보의 구축 및 관리 등에 관한 법률에 의한 지적공부상 토지의 필수(筆數)를 표준으로 결정된다. ( ) ▸ 2020, 2024

2 건물의 개수는 사회통념 또는 거래관념에 따라 물리적 구조 등 객관적 사정과 건축한 자의 의사 등 주관적 사정을 참작하여 결정된다. ( ) ▸ 2025

3 독립된 부동산으로서의 건물이라고 하기 위하여는 최소한의 기둥과 지붕 그리고 주벽이 갖추어져야 한다. ( ) ▸ 2015

4 권원 없이 타인의 토지에 심은 수목은 독립한 물권의 객체가 될 수 없다. ( ) ▸ 2020

5 명인방법을 갖춘 수목의 경우에는 토지와 독립한 거래의 객체가 된다. ( ) ▸ 2015, 2024

6 수목에 달려 있는 미분리의 과실에 대해 명인방법을 갖추면 그 과실은 독립한 물건으로 거래의 목적으로 할 수 있다. ( ) ▸ 2017

7 권원 없이 타인의 토지에서 경작한 농작물도 성숙하여 독립한 물건으로 인정되면 그 소유권은 명인방법을 갖출 필요 없이 경작자에게 있다. ( ) ▸ 2017, 2019

8 관리할 수 있는 자연력은 동산이다. ( ) ▸ 2019

정답 01 ○ 02 ○ 03 ○ 04 ○ 05 ○ 06 ○ 07 ○ 08 ○

제100조【주물, 종물】

① 물건의 소유자가 **그 물건**의 **상용에 공**하기 위하여 **자기소유**인 **다른 물건**을 이에 부속하게 한 때에는 그 부속물은 종물이다.

② 종물은 주물의 처분에 따른다.

OX Check Point

1 종물은 주물**소유자**의 상용에 공여된 물건을 말한다. ( ) ▸ 2020

2 주물 소유자의 사용에 공여되는 물건이라도 주물 자체의 효용과 직접 관계가 없으면 종물이 아니다. ( ) ▸ 2021

3 주물과 장소적 밀접성이 인정되더라도 주물 그 자체의 효용과 직접 관계가 없는 물건은 종물이 아니다. ( ) ▸ 2023

4 주물의 구성부분은 종물이 될수 없다. ( ) ▸ 2023

5 독립한 **부동산은 종물이 될 수 없다**. ( ) ▸ 2016

6 주물과 다른 사람의 소유에 속하는 물건은 종물이 될 수 없다. ( ) ▸ 2020, 2025

7 주물의 상용에 제공된 X동산이 타인 소유이더라도 주물에 대한 경매의 매수인이 선의취득 요건을 구비하는 경우, 그 매수인은 X의 소유권을 취득할 수 있다. ( ) ▸ 2024

8 특별한 사정이 없는 한, 주유기는 주유소 건물의 종물이다. ( ) ▸ 2019

9 종물은 주물의 처분에 따른다는 민법규정은 임의규정이다. ( ) ▸ 2015

10 주물을 처분할 때 당사자의 특약으로 종물만을 별도로 처분할 수도 있다. ( ) ▸ 2016, 2019, 2022, 2025

11 주물에 대한 압류의 효력은 특별한 사정이 없는 한 종물에는 미치지 **않는다**. ( ) ▸ 2022

12 주물과 종물의 법리는 물건 상호 간에 적용되고, **권리 상호 간에는 적용되지 않는다**. ( ) ▸ 2015, 2016, 2020, 2021

13 저당권의 효력이 종물에 미친다는 규정은 종물은 주물의 처분에 따른다는 것과 이론적 기초를 같이 한다. ( ) ▸ 2020

14 구분건물의 전유부분에 대한 가압류 결정의 효력은 특별한 사정이 없는 한 **그 대지권에 미치지 않는다**. ( ) ▸ 2016

15 주물에 대한 점유취득시효의 효력은 점유하지 않은 종물에 미치지 않는다. ( ) ▸ 2024

정답 01 × 02 ○ 03 ○ 04 ○ 05 × 06 ○ 07 ○ 08 ○ 09 ○ 10 ○
11 × 12 × 13 ○ 14 × 15 ○

제101조【천연과실, 법정과실】
① 물건의 **용법에 의하여 수취**하는 산출물은 **천연과실**이다.
② 물건의 **사용대가**로 받은 금전 기타의 물건은 **법정과실**로 한다.

OX Check Point

1 국립공원의 입장료는 법정과실이 아니다. ( ) ▸ 2023

정답 01 ○

제102조【과실의 취득】
① **천연**과실은 그 **원물로부터 분리하는 때**에 이를 수취할 권리자에게 속한다. ▸ 2015
② **법정**과실은 **수취할 권리의 존속기간일수의 비율**로 취득한다. ▸ 2017

OX Check Point

1 천연과실은 **다른 특약이 있더라도** 그 원물로부터 분리하는 때에 이를 **수취할 권리자에게 속한다**. ( ) ▸ 2017

∵ 제102조 제1항은 임의규정이므로 귀속관계는 특약으로 달리 정할 수 있다.

2 법정과실은 수취할 권리의 존속기간 일수의 비율로 취득함이 원칙이다. ( ) ▸ 2022

정답 01 × 02 ○

Chapter
05

법률행위

제1절 총칙

제103조【반사회질서의 법률행위】
선량한 풍속 기타 사회질서에 위반한 사항을 **내용**으로 하는 법률행위는 무효로 한다.

OX Check Point

1 상대방에게 표시된 동기가 반사회질서적인 법률행위는 반사회질서의 법률행위로서 무효이다. ( ) ▸ 2022

2 법률행위의 내용이 반사회적인 것은 아니지만 반사회적 조건이 붙어 반사회적인 성질을 띠게 되면 그 법률행위는 무효이다. ( ) ▸ 2017, 2022

3 어떠한 일이 있어도 이혼하지 않겠다는 약속은 선량한 풍속 기타 사회질서에 위반한다는 이유로 무효이다. ( ) ▸ 2015, 2019

4 마약대금채무의 변제로서 토지를 양도하기로 한 계약은 무효이다. ( ) ▸ 2023

5 오로지 보험사고를 가장하여 보험금을 취득할 목적으로 체결한 생명보험계약은 무효이다. ( ) ▸ 2016, 2019, 2022, 2023

6 보험계약자가 다수의 보험계약을 통하여 보험금을 부정취득할 목적으로 체결한 보험계약은 사회질서에 반하는 법률행위로서 무효이다. ( ) ▸ 2025

7 과도한 위약벌의 약정은 선량한 풍속 기타 사회질서에 위반한다는 이유로 무효로 되는 법률행위이다. ( ) ▸ 2019

8 감정평가사를 통해 공무원에게 직무상 부정한 청탁을 하게 하고 그 대가로 상당한 금품을 교부하기로 한 약정은 무효이다. ( ) ▸ 2017

9 부첩관계의 종료를 해제조건으로 하는 증여계약은 그 조건뿐만 아니라 그 계약 자체도 무효이다. ( ) ▸ 2017, 2019, 2022

10 부첩관계를 청산하면서 희생의 배상 내지 장래 생활대책 마련의 의미로 금원을 지급하기로 한 약정은 공서양속에 반하지 않는다. ( ) ▸ 2016

11 형사사건에 관한 변호사 성공보수 약정은 재판의 결과를 금전적 대가와 결부시키는 것으로서 사회질서에 위배되는 것으로 평가할 수 있다. ( ) ▸ 2016

12 민사사건에 관하여 변호사와 체결한 성공보수약정은 선량한 풍속 기타 사회질서에 위반한다는 이유로 무효로 되는 법률행위가 아니다. ( ) ▸ 2019, 2020, 2023

13 위증하기로 하는 계약은 당사자가 무효임을 알고 추인하여도 유효로 될 수 없다. ( ) ▸ 2017

14 법정에 나와 증언할 것을 조건으로 대가를 지급하기로 약정한 경우, 그 대가의 내용이 통상적으로 용인될 수 있는 수준을 초과하면 그 약정은 무효가 된다. ( ) ▸ 2015

15 이중매매임을 알고 부동산을 매수한 것만으로 제2매매가 사회질서에 반하여 무효인 것은 아니다. ( ) ▸ 2015

∵ 제2매수인이 알고 적극 가담한 경우 무효

16 수증자가 부동산 매도인의 배임행위에 적극 가담하여 체결한 부동산 증여계약은 무효이다. ( ) ▸ 2023

17 부동산 이중매매에서 매도인의 배임행위에 제2매수인이 적극 가담한 경우, 제2매수인의 매매계약은 무효이고 추인에 의하여 유효로 되지 않는다. ( ) ▸ 2016. 2025

18 반사회질서의 법률행위는 당사자가 그 무효임을 알고 추인하여도 새로운 법률행위를 한 효과가 생길 수 없다. ( ) ▸ 2015

19 양도소득세의 일부를 회피할 목적으로 매매계약서에 실제로 거래한 가액보다 낮은 금액을 매매대금으로 기재한 경우에 그 매매계약은 **무효이다**. ( ) ▸ 2015, 2025

20 매매계약을 체결하면서 양도소득세를 면탈할 의도로 소유권이전등기를 일정기간 유보하는 약정은 반사회질서행위로 볼 수 없다. ( ) ▸ 2020, 2022

21 반사회적 해위에 의하여 조성된 비자금을 소극적으로 은닉하기 위하여 임치한 것은 사회질서에 반하는 법률행위로 볼 수 없다. ( ) ▸ 2016, 2025

22 전통사찰의 주지직을 거액의 금품을 대가로 양도하기로 하는 약정이 있음을 알고도 이를 묵인한 상태에서 한 종교법인의 주지임명 행위은 사회질서에 반하는 법률행위로서 무효는 아니다. ( ) ▸ 2025

23 강제집행을 면할 목적으로 부동산에 허위의 근저당권설정등기를 경료하는 행위는 **민법 제103조의 선량한 풍속 기타 사회질서에 위반한 사항을 내용으로 하는 법률행위이다**. ( ) ▸ 2019, 2021, 2025

24 법률행위의 성립과정에서 단지 강박이라는 불법적 방법이 사용된 것에 불과한 때에는 반사회적 법률행위로 볼 수 없다. ( ) ▸ 2021

25 어느 법률행위가 사회질서에 반하는지 여부는 특별한 사정이 없는 한 법률행위 당시를 기준으로 판단해야 한다. ( ) ▸ 2021

26 반사회적 법률행위에 의한 무효를 가지고 **선의의 제3자에게는 대항할 수 없다.** ( ) ▸ 2016, 2021

27 불법한 원인으로 급여를 한 사람은 그 원인행위가 법률상 무효라 하여 상대방에게 부당이득반환청구를 할 수 없는 경우, 급여한 물건의 소유권이 여전히 자기에게 있다고 하여 소유권에 기한 반환청구도 할 수 없다. ( ) ▸ 2019

정답									
01 ○	02 ○	03 ○	04 ○	05 ○	06 ○	07 ○	08 ○	09 ○	10 ○
11 ○	12 ○	13 ○	14 ○	15 ○	16 ○	17 ○	18 ○	19 ×	20 ○
21 ○	22 ○	23 ×	24 ○	25 ○	26 ×	27 ○			

제104조【불공정한 법률행위】
당사자의 **궁박, 경솔 또는 무경험**으로 인하여 **현저하게 공정을 잃은** 법률행위는 무효로 한다.

OX Check Point

1 불공정한 법률행위가 되기 위해서는 피해자의 궁박, 경솔, 무경험 중 어느 하나만 있으면 되고 그 모두가 있어야 할 필요는 없다. ( ) ▸ 2017, 2018

2 궁박은 경제적 원인 외에 정신적 또는 심리적 원인에 기인할 수도 있다. ( ) ▸ 2018, 2025

3 무경험은 일반적인 생활체험의 부족을 의미하는 것으로, 어느 특정영역이 아니라 거래 일반에 대한 경험부족을 말한다. ( ) ▸ 2018, 2022, 2025

4 대리인에 의하여 행해진 법률행위에서 불공정한 법률행위가 문제되는 경우, 경솔이나 무경험은 대리인을 기준으로 판단한다. ( ) ▸ 2018

5 대리인에 의한 법률행위가 불공정한 법률행위에 해당하는지 판단함에 있어서 **궁박은 대리인을 기준**으로 한다. ( ) ▸ 2015, 2022, 2024, 2025
∵ 궁박은 본인을 기준으로 판단

6 현저하게 공정을 잃었는지는 거래상의 객관적 가치에 따라 판단해야 한다. ( ) ▸ 2025

7 증여와 같이 아무런 대가관계 없이 당사자 일방이 상대방에게 일방적인 급부를 하는 행위도 불공정한 법률행위가 될 수 **있다**. ( ) ▸ 2020

8 경매목적물과 매각대금이 현저하게 공정을 잃은 경우에도 그 경매는 불공정한 법률행위에 해당하지 않는다. ( ) ▸ 2020, 2024

9 경매절차에서 매각대금이 시가보다 현저히 저렴한 경우, **그 경매는 불공정한 법률행위로서 무효이다**. ( ) ▸ 2022

10 불공정한 법률행위에 해당하는지 여부는 그 행위를 한 때를 기준으로 판단한다. ( ) ▸ 2020, 2024, 2025

11 불공정한 법률행위에 해당하는지는 법률행위가 이루어진 시점을 기준으로 약속된 급부와 반대급부 사이의 객관적 가치를 비교 평가하여 판단해야 한다. ( ) ▸ 2015

12 급부와 반대급부 사이의 현저한 불균형은 그 무효를 주장하는 자가 증명해야 한다. ( ) ▸ 2022

13 불공정한 법률행위는 이를 기초로 새로운 이해관계를 맺은 선의의 제3자에 대해서도 무효이다. ( ) ▸ 2024

14 계약이 불공정한 법률행위에 해당하여 무효라 하더라도 특별한 사정이 없는 한 그 **계약에 관한 부제소합의는 유효**하다. ( ) ▸ 2017

15 매매계약이 약정된 매매대금의 과다로 인하여 불공정한 법률행위에 해당하는 경우, **무효행위의 전환에 관한 민법 제138조가 적용될 수 없다**. ( ) ▸ 2018, 2020

16 불공정한 법률행위라도 당사자가 무효임을 알고 추인한 경우 **유효로 될 수 있다**. ( ) ▸ 2020, 2022

17 불공정한 법률행위는 추인으로 유효로 될 수 없지만 **법정추인은 인정된다**. ( ) ▸ 2024

18 불공정한 법률행위의 요건을 갖추지 못한 법률행위는 **반사회질서행위가 될 수 없다**. ( ) ▸ 2020

정답 01 ○ 02 ○ 03 ○ 04 ○ 05 × 06 ○ 07 × 08 ○ 09 × 10 ○
11 ○ 12 ○ 13 ○ 14 × 15 × 16 × 17 × 18 ×

제105조【임의규정】
법률행위의 당사자가 법령 중의 선량한 풍속 기타 사회질서에 관계없는 규정과 다른 의사를 표시한 때에는 그 의사에 의한다.

OX Check Point

1 제3자가 타인의 동의를 받지 않고 타인을 보험계약자 및 피보험자로 하여 체결한 생명보험계약은 강행규정에 위반되어 그 효력이 인정되지 않는다. ( ) ▸ 2020

2 건물의 임차인이 비용을 지출하여 개조한 부분에 대한 원상회복의무를 면하는 대신 그 개조비용의 상환청구권을 포기하기로 하는 약정은 **강행규정에 위반되어 그 효력이 인정되지 않는다**. ( ) ▸ 2020

3 승소를 시켜주면 소송물의 일부를 양도하겠다는 민사소송의 당사자와 변호사 아닌 자 사이의 약정은 강행규정에 위반되어 그 효력이 인정되지 않는다. ( ) ▸ 2020

정답 01 ○ 02 × 03 ○

제106조【사실인 관습】
법령 중의 선량한 풍속 기타 사회질서에 관계없는 규정과 다른 관습이 있는 경우에 당사자의 의사가 명확하지 아니한 때에는 그 관습에 의한다.

OX Check Point

1 사적자치가 인정되는 분야의 제정법이 주로 임의규정인 경우, 사실인 관습은 법률행위 해석기준이 될 수 있다. ( ) ▸ 2024

2 강행규정 자체에 결함이 있거나 강행규정 자체가 관습에 따르도록 위임한 경우에는 사실인 관습에 법적 효력을 부여할 수 있다. ( ) ▸ 2017

3 사실인 관습은 법령으로서의 효력이 없고, 법률행위 당사자의 의사를 보충함에 그친다. ( ) ▸ 2021

정답 01 ○ 02 ○ 03 ○

제2절 의사표시

제107조【진의 아닌 의사표시】

① 의사표시는 **표의자**가 **진의 아님을 알고 한 것**이라도 그 효력이 있다. 그러나 **상대방**이 표의자의 진의 아님을 **알았거나 이를 알 수 있었을 경우**에는 **무효**로 한다.

② 전항의 의사표시의 무효는 **선의**의 **제3자**에게 **대항하지 못한다.**

OX Check Point

1 진의 아닌 의사표시에 있어서의 '진의' 란 특정한 내용의 의사표시를 하고자 하는 표의자의 생각을 말하는 것이지 표의자가 진정으로 마음속에서 바라는 사항을 뜻하는 것은 아니다. ( ) ▸ 2015, 2018, 2025

2 표의자가 강박에 의하여 어쩔 수 없이 증여의 의사표시를 하였다면 이는 비진의표시에 해당하지 않는다. ( ) ▸ 2018

3 표의자가 강박에 의하여 증여를 하기로 하고 그에 따른 증여의 의사표시를 하였더라도 재산을 강제로 뺏긴다는 것이 표의자의 본심으로 잠재되어 있었다면 **증여의 내심의 효과의사가 결여된 것이다.** ( ) ▸ 2025

4 표의자가 비진의표시임을 이유로 의사표시의 무효를 주장하는 경우, 비진의표시에 해당한다는 사실은 표의자가 증명해야 한다. ( ) ▸ 2015, 2018

5 진의 아닌 의사표시에서 상대방이 진의 아님을 알았거나 과실로 이를 알지 못하였다는 것은 의사표시의 무효를 주장하는 자가 증명하여야 한다. ( ) ▸ 2016, 2025

6 표의자가 비진의표시임을 이유로 의사표시의 무효를 주장하는 경우, **상대방**이 자신의 선의·무과실을 증명해야 한다. ( ) ▸ 2018

7 사인의 공법행위에는 적용되지 않으므로 공무원의 사직 의사가 외부에 표시된 이상 그 의사는 표시된 대로 효력을 발생한다. ( ) ▸ 2018, 2025

정답 01 ○ 02 ○ 03 × 04 ○ 05 ○ 06 × 07 ○

제108조【통정한 허위의 의사표시】
① 상대방과 **통정**한 허위의 의사표시는 무효로 한다.
② 전항의 의사표시의 무효는 **선의**의 **제3자**에게 **대항하지 못한다.**

OX Check Point

1 통정허위표시의 경우, 통정의 동기나 목적은 허위표시의 성립에 영향이 없다. ( ) ▸ 2024

2 통정허위표시는 제3자 유무와 상관없이 당사자 사이에서는 무효이다. ( ) ▸ 2017

3 통정허위표시로 무효인 경우, 당사자는 가장행위의 채무불이행이 있더라도 이를 이유로 하는 손해배상을 청구할 수 없다. ( ) ▸ 2024

4 통정허위표시에 의한 급부는 특별한 사정이 없는 한 **불법원인급여이다**. ( ) ▸ 2023

5 당사자들이 실제로는 증여계약을 체결하면서 매매계약인 것처럼 통정허위표시를 하였다면 은닉행위인 증여계약은 유효할 수 있다. ( ) ▸ 2019, 2023

6 통정허위표시에서 제3자가 보호받기 위해서는 선의이면 되고 그 과실 유무는 묻지 않는다. ( ) ▸ 2015, 2017, 2023

7 상대방과 통정한 허위의 의사표시는 무효이지만, 이러한 무효는 과실로 인하여 허위표시라는 사실을 인식하지 못한 제3자에게 대항할 수 없다. ( ) ▸ 2019

8 선의의 제3자에 대해서는 통정허위표시의 당사자뿐만 아니라 그 누구도 통정허위표시의 무효로 대항할 수 없다. ( ) ▸ 2019

9 통정허위표시의 무효로 대항할 수 없는 제3자는 허위표시의 당사자와 그의 포괄승계인 이외의 자로서 허위표시행위를 기초로 하여 새로운 이해관계를 맺은 자를 말한다. ( ) ▸ 2015

10 가장소비대차의 계약상의 지위를 이전 받은 자는 통정허위표시의 무효를 이유로 대항할 수 없는 '제3자'에 해당하지 않는다. ( ) ▸ 2024

11 통정허위표시에서 **파산관재인은 제3자에 해당하지 않는다**. ( ) ▸ 2017, 2021

12 통정한 허위표시에 의하여 외형상 형성된 법률관계로 생긴 채권을 가압류한 자는 통정허위표시의 무효로 대항할 수 없는 제3자에 해당한다. ( ) ▸ 2015, 2016, 2024

13 가장매매에 의한 매수인으로부터 목적 부동산에 대한 소유권이전등기청구권 보전을 위한 가등기를 마친 제3자는 통정허위표시의 무효를 이유로 대항할 수 없는 '제3자'가 될 수 있다. (　) ▸ 2016

14 가장매매에 의한 매수인으로부터 목적 부동산을 매수하여 소유권이전등기를 마친 제3자는 통정허위표시의 무효를 이유로 대항할 수 없는 '제3자'가 될 수 있다. (　) ▸ 2016, 2024

15 가장매매의 목적물에 대하여 저당권을 취득한 자는 통정허위표시의 무효를 이유로 대항할 수 없는 **'제3자'에 해당하지 않는다**. (　) ▸ 2024

16 가장의 전세권설정계약에 기하여 등기가 경료된 전세권에 관하여 저당권을 취득한 제3자는 통정허위표시의 무효를 이유로 대항할 수 없는 '제3자'가 될 수 있다. (　) ▸ 2016, 2021, 2024

17 가장의 채권양도 후 채무가 변제되지 않고 있는 동안 채권양도가 허위임이 밝혀진 경우에 있어서의 **채무자**는 통정허위표시에 의하여 외형상 형성된 법률관계를 기초로 하여 '새로운 법률상 이해관계를 맺은 제3자'에 해당하지 않는다. (　) ▸ 2021

18 가장저당권 설정행위에 기한 저당권의 실행에 의하여 목적부동산을 경락받은 자는 통정허위표시에 의하여 외형상 형성된 법률관계를 기초로 하여 '새로운 법률상 이해관계를 맺은 제3자'에 해당한다. (　) ▸ 2021

19 가장매매계약의 매수인과 직접 이해관계를 맺은 제3자가 악의라 하더라도 그와 다시 법률상 이해관계를 맺은 전득자가 선의라면 가장매매계약의 무효로써 전득자에게 대항할 수 없다. (　) ▸ 2023

20 부동산의 가장양수인으로부터 해당 부동산을 취득한 제3자 A가 악의이고, 그로부터 그 부동산을 전득한 B가 선의라면 통정허위표시의 무효로써 B에게 대항할 수 없다. (　) ▸ 2019

21 통정허위표시에서 제3자의 악의는 그 허위표시의 무효를 주장하는 자가 증명하여야 한다. (　) ▸ 2016

정답 01 ○ 02 ○ 03 ○ 04 × 05 ○ 06 ○ 07 ○ 08 ○ 09 ○ 10 ○
11 × 12 ○ 13 ○ 14 ○ 15 × 16 ○ 17 ○ 18 ○ 19 ○ 20 ○
21 ○

제109조【착오로 인한 의사표시】
① 의사표시는 법률행위의 **내용**의 **중요부분에 착오**가 있는 때에는 취소할 수 있다. 그러나 그 착오가 표의자의 **중대한 과실로 인한 때에는 취소하지 못한다.**
② 전항의 의사표시의 취소는 선의의 제3자에게 대항하지 못한다.

OX Check Point

1 착오의 존재 여부는 의사표시 당시를 기준으로 판단한다. ( ) ▸ 2016

2 계약서에 X토지를 목적물로 기재한 때에도 Y토지에 대하여 의사의 합치가 있었다면 Y토지를 목적으로 하는 계약이 성립한다. ( ) ▸ 2020

3 부동산 매매계약에 있어 쌍방 당사자가 모두 X토지를 계약의 목적물로 삼았으나 그 목적물의 지번 등에 관하여 둘 다 착오를 일으켜 계약서에는 Y토지로 표시한 경우, 매수인은 X토지에 대해 이전등기를 청구할 수 있다. ( ) ▸ 2015

4 상대방이 표의자의 진의에 동의한 경우 표의자는 착오를 이유로 의사표시를 취소할 수 없다. ( ) ▸ 2021, 2022

5 계약 당시를 기준으로 하여 장래의 미필적 사실의 발생에 대한 기대나 예상이 빗나간 경우, 착오취소는 인정되지 않는다. ( ) ▸ 2023

6 착오에 관한 민법규정은 **법률의 착오에 적용되지 않는다**. ( ) ▸ 2020
∵ 법률의 착오 중 법률규정의 의미내용의 착오는 내용의 착오에 해당

7 동기의 착오는 동기가 표시되어 해석상 법률행위의 내용으로 된 경우에 **한해서만 유일하게 고려된다**. ( ) ▸ 2023

8 동기의 착오를 이유로 의사표시를 취소할 때 그 동기를 의사표시의 내용으로 하는 당사자의 합의까지는 필요 없다. ( ) ▸ 2018

9 동기의 착오가 상대방에 의해 유발된 경우 동기가 표시되지 않더라도 의사표시의 취소 사유인 착오에 해당할 수 있다. ( ) ▸ 2015

10 상대방에 의해 유발된 동기의 착오는 동기가 표시되지 않았더라도 법률행위 내용의 중요부분의 착오가 될 수 있다. ( ) ▸ 2017, 2021

11 보험회사의 설명의무 위반으로 보험계약의 중요사항을 제대로 이해하지 못하고 착오에 빠져 계약을 체결한 고객은 그 계약을 취소할 수 있다. ( ) ▸ 2020

12 **채무자의 동일성에 관한 물상보증인의 착오**는 법률행위 **내용의 중요부분**에 관한 **착오에 해당하지 않는다**. ( ) ▸ 2015

13 매매계약에서 매수인이 목적물의 시가에 관해 착오를 하였더라도 이는 원칙적으로 중요부분의 착오에 해당하지 않는다. ( ) ▸ 2023

14 착오로 인하여 표의자가 경제적인 불이익을 입지 않았다면, 법률행위 내용의 중요부분의 착오라고 할 수 없다. ( ) ▸ 2015, 2018, 2022, 2024

15 착오를 이유로 의사표시를 취소하는 자는 법률행위의 내용에 착오가 있었다는 사실과 함께 그 착오가 중요부분에 관한 착오라는 것을 증명하여야 한다. ( ) ▸ 2015

16 착오를 이유로 의사표시를 취소하는 자는 착오가 없었더라면 의사표시를 하지 않았을 것이라는 점을 증명하여야 한다. ( ) ▸ 2022

17 착오에 의한 취소의 의사표시는 반드시 명시적이어야 하는 것은 아니고, 취소자가 그 착오를 이유로 자신의 법률행위의 효력을 처음부터 배제하려고 한다는 의사가 드러나면 충분하다. ( ) ▸ 2016, 2020

18 당사자의 합의로 착오로 인한 의사표시의 취소에 관한 민법 제109조 제1항의 적용을 배제할 수 있다. ( ) ▸ 2018

19 특별한 사정이 없는 한, 착오를 이유로 법률행위를 취소하려면 표의자에게 중대한 과실이 없어야 한다. ( ) ▸ 2015, 2022

20 착오에 의한 의사표시에서 표의자의 중대한 과실이라 함은 표의자의 직업, 행위의 종류, 목적 등에 비추어 보통 요구되는 주의를 현저히 결여하는 것을 의미한다. ( ) ▸ 2015

21 토지매매에 있어서 특별한 사정이 없는 한, 매수인이 측량을 통하여 매매목적물이 지적도상의 그것과 정확히 일치하는지 확인하지 않은 경우 **중대한 과실이 인정된다**. ( ) ▸ 2021

22 甲은 자신의 점포를 32만 달러에 팔기로 의욕하였지만, 미국인 乙에게 실수로 매매대금을 23만 달러로 표시하여 이 가격으로 계약이 체결되었다. 甲은 착오를 주장하여 위 매매계약을 취소할 수 있지만, 乙이 甲의 중대한 과실을 증명하면 취소할 수 없다. ( ) ▸ 2019

23 표의자의 착오를 알고 상대방이 이를 이용한 경우에는 착오가 표의자의 중대한 과실로 발생하여도 취소할 수 있다. ( ) ▸ 2016, 2018, 2021, 2023, 2024

24 착오로 인한 의사표시에서 착오가 법률행위 내용의 중요부분에 관한 것이라는 점과 **중대한 과실이 없었다는 점은 표의자가 증명하여야 한다**. ( ) ▸ 2016

25 제3자의 기망으로 표시상의 착오가 발생한 경우, 표의자는 **사기를 이유로 의사표시를 취소할 수 있다.** ( ) ▸ 2018, 2021

∵ 사기가 아닌 착오를 이유로 의사표시를 취소할 수 있다.

26 착오를 이유로 법률행위를 취소한 표의자가 상대방에게 불법행위책임을 지는 것은 아니다. ( ) ▸ 2016

27 매도인이 매매계약을 적법하게 해제한 후에도 매수인은 그 매매계약을 착오를 이유로 취소할 수 있다. ( ) ▸ 2020, 2023, 2024

28 매도인의 하자담보책임이 성립하더라도 착오를 이유로 한 매수인의 취소권은 배제되지 않는다. ( ) ▸ 2023

정답

01 ○	02 ○	03 ○	04 ○	05 ○	06 ×	07 ×	08 ○	09 ○	10 ○
11 ○	12 ×	13 ○	14 ○	15 ○	16 ○	17 ○	18 ○	19 ○	20 ○
21 ×	22 ○	23 ○	24 ×	25 ×	26 ○	27 ○	28 ○		

제110조【사기, 강박에 의한 의사표시】

① 사기나 강박에 의한 의사표시는 취소할 수 있다.

② 상대방 있는 의사표시에 관하여 **제3자가 사기나 강박을 행한 경우**에는 **상대방**이 그 사실을 **알았거나 알 수 있었을 경우에 한**하여 그 의사표시를 **취소할 수 있다.**

③ 전2항의 의사표시의 취소는 선의의 제3자에게 대항하지 못한다.

OX Check Point

1 상대방의 기망행위로 의사결정의 동기에 관하여 착오를 일으켜 법률행위를 한 경우, 사기를 이유로 그 의사표시를 취소할 수 있다. ( ) ▸ 2022

2 부작위에 의한 기망행위로도 사기에 의한 의사표시가 성립할 수 있다. ( ) ▸ 2022

3 거래의 중요한 사항에 관한 사실을 신의성실의 의무에 비추어 비난받을 정도의 방법으로 허위로 고지한 것은 기망행위에 해당한다. ( ) ▸ 2025

4 교환계약의 당사자가 자기 소유 목적물의 시가를 묵비하였다면 특별한 사정이 없는 한, **위법한 기망행위가 성립한다.** ( ) ▸ 2021

5 피기망자에게 손해를 가할 의사는 사기에 의한 의사표시의 **성립요건이다**. ( ) ▸ 2024

6 상대방의 대리인이 한 사기는 **제3자의 사기에 해당한다**. ( ) ▸ 2024

7 상대방의 대리인에 의한 강박은 **제3자의 강박에 해당한다**. ( ) ▸ 2025

8 대리인이 상대방에게 사기·강박을 하였다면 상대방은 본인이 그에 대해 선의·무과실이라 하더라도 대리인과 행한 법률행위를 취소할 수 있다. ( ) ▸ 2019, 2021

9 甲은 乙의 기망으로 그 소유의 X토지를 丙에게 팔았고, 丙은 그의 채권자 丁에게 X토지에 근저당권을 설정하였다. 甲은 기망행위를 이유로 매매계약을 취소하려고 한다. 甲은 丙이 그의 잘못없이 기망사실을 **몰랐을 때에만 매매계약을 취소할 수 있다**. ( ) ▸ 2020

∵ 제3자 사기의 경우 취소하기 위해서는 상대방이 악의이거나 과실이 있을 때만 가능

10 제3자에 의한 사기행위로 계약을 체결한 경우, 표의자는 먼저 그 계약을 취소하여야 제3자에 대하여 불법행위로 인한 손해배상을 청구할 수 **있다**. ( ) ▸ 2022

11 사기에 의한 의사표시의 취소는 선의의 제3자에게 대항하지 못한다. ( ) ▸ 2017

12 매도인을 기망하여 부동산을 매수한 자로부터 그 부동산을 다시 매수한 제3자는 특별한 사정이 없는 한 선의로 추정된다. ( ) ▸ 2022, 2024

13 **제3자가** 사기에 의한 의사표시의 취소에 대항하기 위해서는 특별한 사정이 없는 한 **자신의 선의를 증명해야 한다**. ( ) ▸ 2025

14 사기에 의한 의사표시에서 제3자의 악의는 취소를 주장하는 자가 증명하여야 한다. ( ) ▸ 2016, 2020

15 상대방이 불법으로 어떤 해악을 고지하였다면, 표의자가 이로 말미암아 **공포심을 느끼지 않았더라도 강박에 의한 의사표시에 해당한다**. ( ) ▸ 2024

16 상대방이 불법적인 해악의 고지 없이 각서에 서명날인할 것을 강력히 요구하는 것만으로는 강박이 되지 않는다. ( ) ▸ 2022

17 강박행위의 목적이 정당한 경우에는 비록 그 수단이 부당하다고 하더라도 **위법성이 인정될 여지가 없다**. ( ) ▸ 2021

18 강박의 정도가 극심하여 의사결정을 스스로 할 수 있는 여지가 완전히 박탈된 상태에서 의사표시가 이루어진 경우 그 의사표시는 무효이다. ( ) ▸ 2018, 2021

19 단순히 상대방의 피용자에 지나지 않는 사람이 한 강박은 **제3자의 강박에 해당하지 않는다**. ( ) ▸ 2024

20 토지거래허가를 받지 않아 유동적 무효 상태에 있는 법률행위라도 사기에 의한 의사표시의 요건이 충족된 경우 사기를 이유로 취소할 수 있다. ( ) ▸ 2021

정답

01 ○	02 ○	03 ○	04 ×	05 ×	06 ×	07 ×	08 ○	09 ×	10 ×
11 ○	12 ○	13 ×	14 ○	15 ×	16 ○	17 ×	18 ○	19 ×	20 ○

제111조【의사표시의 효력발생시기】

① 상대방이 있는 의사표시는 상대방에게 **도달한 때**에 그 효력이 생긴다. ▸ 2020

② 의사표시자가 그 통지를 발송한 후 사망하거나 제한능력자가 되어도 의사표시의 효력에 영향을 미치지 아니한다.

OX Check Point

1 상대방 있는 의사표시는 상대방에게 도달한 때에 효력이 발생하는 것이 원칙이다. ( ) ▸ 2017

2 재단법인 설립행위의 효력발생을 위해서는 의사표시의 도달이 요구되지 않는다. ( ) ▸ 2023

3 상대방이 **현실적으로 통지를 수령하거나 그 내용을 안 때에 도달한 것으로 본다**. ( ) ▸ 2019, 2020, 2022

4 상대방이 정당한 사유 없이 통지의 수령을 거절한 경우, 상대방이 그 통지의 내용을 알 수 있는 객관적 상태에 놓여 있는 때에 의사표시의 효력이 생긴다. ( ) ▸ 2020, 2021, 2023

5 의사표시의 부도달 또는 연착으로 인한 불이익은 특별한 사정이 없는 한 표의자가 이를 부담한다. ( ) ▸ 2019, 2021

6 보통우편의 방법으로 발송된 의사표시는 상당기간 내에 **도달하였다고 추정된다**. ( ) ▸ 2022

7 상대방에게 도달하여야 효력이 있는 의사표시를 보통우편의 방법으로 하였다면, 송달의 효력을 주장하는 자가 그 도달을 증명하여야 한다. ( ) ▸ 2016

8 등기우편으로 발송된 경우, 상당한 기간 내에 도달하였다고 추정된다. ( ) ▸ 2020

9 내용증명우편이나 등기로 발송된 우편물은 반송 등의 특별한 사정이 없는 한 그 무렵 수취인에게 배달된 것으로 본다. ( ) ▸ 2017

10 도달주의의 원칙을 정하는 민법 제111조는 임의규정이므로 당사자는 약정으로 의사표시의 효력발생시기를 달리 정할 수 있다. ( ) ▸ 2019, 2023

11 도달주의의 원칙은 채권양도의 통지와 같은 준법률행위에도 유추적용될 수 있다. ( ) ▸ 2021

12 표의자가 의사표시의 통지를 발송한 후에 사망한 경우, 그 의사표시의 효력에 영향을 미치지 않는다. ( ) ▸ 2015, 2017, 2022, 2024

13 매매계약 승낙의 의사표시를 발신한 후 승낙자가 사망하였다고 하더라도 그 의사표시가 청약자에게 정상적으로 도달하였다면 매매계약은 유효하게 성립한다. ( ) ▸ 2019, 2023

14 표의자가 의사표시의 통지를 발송한 후 제한능력자가 되어도 그 의사표시의 효력은 영향을 받지 아니한다. ( ) ▸ 2020

15 의사표시자가 그 통지를 발송한 후 제한능력자가 되었다면 특별한 사정이 없는 한 그 의사표시는 **취소할 수 있다**. ( ) ▸ 2021

정답 01 ○ 02 ○ 03 × 04 ○ 05 ○ 06 × 07 ○ 08 ○ 09 ○ 10 ○ 11 ○ 12 ○ 13 ○ 14 ○ 15 ×

제112조【제한능력자에 대한 의사표시의 효력】
의사표시의 상대방이 의사표시를 받은 때에 제한능력자인 경우에는 의사표시자는 그 의사표시로써 대항할 수 없다. 다만, 그 상대방의 법정대리인이 의사표시가 도달한 사실을 안 후에는 그러하지 아니하다.

OX Check Point

1 제한능력자는 원칙적으로 의사표시의 수령무능력자이다. (　) ▸ 2019, 2022

2 미성년자는 그 행위능력이 제한되고 있는 범위에서 수령무능력자이다. (　) ▸ 2023

3 수령무능력자에게 의사표시를 한 경우, 특별한 사정이 없는 한 표의자는 그 의사표시로써 수령무능력자에게 대항할 수 없다. (　) ▸ 2021

4 의사표시의 상대방이 의사표시를 받은 때에 제한능력자인 경우에는 그 상대방의 법정대리인이 의사표시가 도달한 사실을 안 후라도 표의자는 그 의사표시로써 **대항할 수 없다**. (　) ▸ 2017

정답 01 ○ 02 ○ 03 ○ 04 ×

제113조【의사표시의 공시송달】
표의자가 과실 없이 상대방을 알지 못하거나 상대방의 소재를 알지 못하는 경우에는 의사표시는 민사소송법 공시송달의 규정에 의하여 송달할 수 있다.
▸ 2017

OX Check Point

1 표의자가 **과실로** 상대방을 알지 못하는 경우에는 민사소송법 공시송달 규정에 의하여 의사표시의 효력을 발생시킬 수 **있다**. (　) ▸ 2022

정답 01 ×

제3절 대리

제114조【대리행위의 효력】

① 대리인이 **그 권한 내에서** 본인을 위한 것임을 표시한 의사표시는 직접 본인에게 대하여 효력이 생긴다. ▸ 2017

② 전항의 규정은 대리인에게 대한 제3자의 의사표시에 준용한다.

OX Check Point

1 불법행위에는 대리의 법리가 적용되지 않는다. (　) ▸ 2019

2 본인이 사회통념상 대리권을 추단할 수 있는 직함이나 명칭 등의 사용을 승낙한 경우, 수권행위가 있는 것으로 볼 수 있다. (　) ▸ 2020

3 甲이 乙로부터 매매계약체결의 대리권을 수여 받아 매매계약을 체결하였더라도 특별한 사정이 없는 한 甲은 그 계약에서 정한 중도금과 잔금을 수령할 권한은 **없다**. (　) ▸ 2024

4 매매계약의 체결과 이행에 관한 대리권을 가진 대리인은, 특별한 사정이 없으면 매수인의 대금지급기일을 연기할 수 있는 권한을 가진다. (　) ▸ 2020

5 甲이 乙로부터 금전소비대차 계약을 체결할 대리권을 수여받은 경우, 특별한 사정이 없는 한 甲은 그 계약을 **해제할 권한도 가진다**. (　) ▸ 2024

6 임의대리권은 통상 그 권한에 부수하여 필요한 한도에서 상대방의 의사표시를 수령하는 대리권을 포함한다. (　) ▸ 2018

7 법정대리권의 범위는 법정대리인에 관한 규정에 의하여 결정된다. (　) ▸ 2018

정답 01 ○ 02 ○ 03 × 04 ○ 05 × 06 ○ 07 ○

제115조【본인을 위한 것임을 표시하지 아니한 행위】
대리인이 본인을 위한 것임을 표시하지 아니한 때에는 그 의사표시는 자기를 위한 것으로 **본다**. 그러나 상대방이 대리인으로서 한 것임을 알았거나 알 수 있었을 때에는 전조 제1항의 규정을 준용한다.

제116조【대리행위의 하자】
① 의사표시의 효력이 의사의 흠결, 사기, 강박 또는 어느 사정을 알았거나 과실로 알지 못한 것으로 인하여 영향을 받은 경우에 그 사실의 유무는 **대리인을 표준하여 결정**한다.
② 특정한 법률행위를 위임한 경우에 대리인이 본인의 지시에 좇아 그 행위를 한 때에는 본인은 자기가 안 사정 또는 과실로 인하여 알지 못한 사정에 관하여 대리인의 부지를 주장하지 못한다. ▸ 2017

OX Check Point

1 대리인의 대리행위가 공서양속에 반하는 경우, 본인이 그 사정을 몰랐다고 하더라도 그 행위는 무효이다. ( ) ▸ 2019

2 대리인이 매도인의 배임행위에 적극 가담하여 이루어진 부동산의 이중매매의 경우, 본인인 매수인이 그러한 사정을 몰랐다면 **반사회적 법률행위가 되지 않는다**. ( ) ▸ 2021

3 대리행위에서 진의 아닌 의사표시인지 여부는 대리인을 표준으로 정한다. ( ) ▸ 2025

4 대리인이 대리권의 범위 안에서 현명하여 상대방과 통정허위표시를 한 경우, 본인이 선의라면 특별한 사정이 없는 한 그는 허위표시의 유효를 주장할 수 **있다**. ( ) ▸ 2023

5 대리인에 의한 법률행위에서 착오의 유무는 대리인을 표준으로 판단한다. ( ) ▸ 2016, 2022

6 대리인의 법률행위의 효과는 본인에게 귀속되므로 의사표시의 하자의 유무는 **본인**을 기준으로 판단한다. ( ) ▸ 2015

정답 01 ○ 02 × 03 ○ 04 × 05 ○ 06 ×

제117조【대리인의 행위능력】
대리인은 행위능력자임을 요하지 아니한다. ▸ 2017

OX Check Point

1 임의대리인은 **행위능력자여야 한다**. (   ) ▸ 2015

2 타인의 대리인으로서 토지를 매도하는 행위는 18세인 미성년자가 단독으로 유효하게 할 수 있는 행위이다. (   ) ▸ 2018, 2019

3 미성년자가 타인을 대리할 때에는 **법정대리인의 동의를 얻어야** 한다. (   ) ▸ 2020

4 미성년자 甲이 법정대리인 乙의 동의 없이 타인의 적법한 대리인으로서 법률행위를 했더라도 乙은 甲의 제한능력을 이유로 그 법률행위를 취소할 수 **있다**. (   ) ▸ 2022

5 미성년자인 甲이 乙로부터 매매계약체결의 대리권을 수여받아 매매계약을 체결한 경우, 乙은 甲이 체결한 매매계약을 甲이 미성년자임을 이유로 취소할 수 없다. (   ) ▸ 2024

정답 01 × 02 ○ 03 × 04 × 05 ○

제118조【대리권의 범위】
권한을 정하지 아니한 대리인은 다음 각 호의 행위만을 할 수 있다.
1. 보존행위
2. 대리의 목적인 물건이나 권리의 성질을 변하지 아니하는 범위에서 그 이용 또는 개량하는 행위

OX Check Point

1 대리권의 범위를 정하지 않은 임의대리인은 대리의 목적인 물건의 성질이 변하지 않는 범위에서 그 이용행위를 할 수 있다. (   ) ▸ 2018

정답 01 ○

제119조【각자대리】
대리인이 수인인 때에는 **각자**가 본인을 **대리**한다. 그러나 법률 또는 수권행위에 다른 정한 바가 있는 때에는 그러하지 아니하다. ▸ 2023

OX Check Point

1 대리인이 수인(數人)인 경우에 대리인은 **원칙적으로 공동으로 대리**하고 수권행위 또는 법률로 **달리 정하는 경우에만 각자 본인을 대리**한다. ( ) ▸ 2017

정답 01 ×

제120조【임의대리인의 복임권】
대리권이 법률행위에 의하여 부여된 경우에는 대리인은 본인의 **승낙이 있거나 부득이한 사유 있는 때**가 아니면 **복대리인을 선임하지 못한다.**

OX Check Point

1 임의대리인은 본인의 승낙이나 부득이한 사유가 없으면, 복대리인을 선임하지 못한다. ( ) ▸ 2016, 2017, 2018, 2022, 2025

2 본인의 **묵시적 승낙에 기초한** 임의대리인의 복임권행사는 **허용되지 않는다**. ( ) ▸ 2021

정답 01 ○ 02 ×

제121조【임의대리인의 복대리인선임의 책임】
① 전조의 규정에 의하여 대리인이 복대리인을 선임한 때에는 본인에게 대하여 그 선임감독에 관한 책임이 있다.
② 대리인이 본인의 지명에 의하여 복대리인을 선임한 경우에는 그 부적임 또는 불성실함을 알고 본인에게 대한 통지나 그 해임을 태만한 때가 아니면 책임이 없다.

OX Check Point

1 임의대리인이 본인의 승낙을 얻어 복대리인을 선임한 경우, 본인에 대하여 **그 선임감독에 관한 책임이 없다.** (　) ▸ 2018, 2021

2 임의대리인은 본인의 지명에 의해서도 복대리인을 선임할 수 있다. (　) ▸ 2016

정답 01 × 02 ○

제122조【법정대리인의 복임권과 그 책임】
법정대리인은 **그 책임**으로 복대리인을 **선임할 수 있다.** ▸ 2022
그러나 부득이한 사유로 인한 때에는 전조 제1항에 정한 책임만이 있다.

OX Check Point

1 법정대리인은 자신의 책임으로 복대리인을 선임할 수 있다. (　) ▸ 2018

2 법정대리인이 부득이한 사유로 복대리인을 선임한 경우, 그 선임감독에 관한 책임만이 있다. (　) ▸ 2017, 2018

정답 01 ○ 02 ○

제123조【복대리인의 권한】

① 복대리인은 그 권한 내에서 **본인을 대리**한다. ▸ 2017

② 복대리인은 본인이나 제3자에 대하여 대리인과 동일한 권리의무가 있다.

OX Check Point

1 복대리인은 **대리인**의 대리인이다. ( ) ▸ 2019, 2023

2 임의대리인 甲이 부득이한 사유로 丙을 복대리인으로 선임한 경우, 丙은 **甲의 대리인이다**. ( ) ▸ 2024

3 복대리인은 대리인이 **본인의 명의로 선임한** 본인의 대리인이다. ( ) ▸ 2015, 2016

∵ 대리인의 명의로 선임한

4 법정대리인이 그 자신의 이름으로 선임한 복대리인은 **법정대리인**의 대리인이다. ( ) ▸ 2021

5 복대리인이 적법하게 선임되면 대리인의 **대리권은 소멸한다**. ( ) ▸ 2023, 2025

6 복대리인은 본인에 대해 **어떠한 권리 · 의무도 부담하지 않는다**. ( ) ▸ 2023

7 복대리인은 제3자에 대하여도 대리인과 동일한 권리의무가 있다. ( ) ▸ 2016, 2021, 2025

8 복대리인의 대리권은 대리인의 대리권의 범위보다 넓을 수 없다. ( ) ▸ 2022

9 대리인이 복대리인을 선임한 후 사망하더라도 특별한 사정이 없는 한 그 복대리권은 **소멸하지 않는다**. ( ) ▸ 2023

10 복대리인이 선임한 대리인은 모두 **법정대리인**이다. ( ) ▸ 2017

11 복대리인의 대리행위에 대해서는 **표현대리가 성립할 수 없다**. ( ) ▸ 2021, 2022, 2024

12 복임권 없는 대리인에 의해 선임된 복대리인의 대리행위에 대해서도 권한을 넘은 표현대리에 관한 규정이 적용될 수 있다. ( ) ▸ 2023

정답 01 × 02 × 03 × 04 × 05 × 06 × 07 ○ 08 ○ 09 × 10 × 11 × 12 ○

제124조【자기계약, 쌍방대리】
대리인은 **본인의 허락**이 없으면 본인을 위하여 자기와 법률행위를 하거나 동일한 법률행위에 관하여 당사자 쌍방을 대리하지 못한다. 그러나 **채무의 이행**은 할 수 있다.

OX Check Point

1 대리인은 본인의 허락을 얻어 본인을 위하여 자기와 법률행위를 할 수 있다. ( ) ▸ 2015

2 민법 제124조에서 금지하는 자기계약이 행해졌다면 그 계약은 유동적 무효이다. ( ) ▸ 2023

정답 01 ○ 02 ○

제125조【대리권수여의 표시에 의한 표현대리】
제3자에 대하여 타인에게 **대리권을 수여함을 표시**한 자는 그 대리권의 범위 내에서 행한 그 타인과 그 제3자 간의 법률행위에 대하여 **책임이 있다**. 그러나 제3자가 대리권 없음을 알았거나 알 수 있었을 때에는 그러하지 아니하다.

OX Check Point

1 상대방의 유권대리 주장에는 표현대리의 성립 역시 **포함되므로** 법원은 표현대리의 성립 여부까지 **판단해야 한다**. ( ) ▸ 2018, 2024

2 표현대리를 주장할 때에는 무권대리인과 표현대리에 해당하는 무권대리 행위를 특정하여 주장하여야 한다. ( ) ▸ 2021

3 강행법규에 위반한 무효의 대리행위에 대해서도 표현대리의 법리가 **적용될 수 있다**. ( ) ▸ 2018, 2021

4 표현대리가 성립하는 경우, 상대방에게 과실이 있으면 **과실상계의 법리가 적용된다**. ( ) ▸ 2018, 2021, 2024

정답 01 × 02 ○ 03 × 04 ×

제126조【권한을 넘은 표현대리】
대리인이 **그 권한 외**의 법률행위를 한 경우에 제3자가 그 권한이 있다고 믿을 만한 **정당한 이유가 있을 때**에는 본인은 그 행위에 대하여 책임이 있다.

OX Check Point

1 기본대리권은 표현대리행위와 동종 또는 유사할 필요가 없다. (   ) ▸ 2016

2 복대리인 선임권이 없는 대리인에 의하여 선임된 복대리인의 권한도 기본대리권이 될 수 있다. (   ) ▸ 2016, 2025

3 대리권 소멸 후의 표현대리가 인정되는 경우, 그 표현대리의 권한을 넘은 대리행위가 있을 때 권한을 넘은 표현대리가 성립할 수 있다. (   ) ▸ 2015

4 권한을 넘은 표현대리에 있어 '정당한 이유'의 존부는 대리행위 당시의 제반 사정을 객관적으로 관찰하여 판단하여야 한다. (   ) ▸ 2015

5 정당한 이유의 유무는 대리행위 당시와 **그 이후의 사정을 고려하여 판단한다**. (   ) ▸ 2016

6 대리행위가 대리권을 제한하는 강행규정을 위반하여 권한을 넘은 경우에는 표현대리가 인정되지 않는다. (   ) ▸ 2016, 2018

7 비법인사단의 대표자가 총회의 결의를 거치지 않고 총유물을 권한 없이 처분한 경우에는 권한을 넘은 표현대리에 관한 민법 제126조가 준용되지 않는다. (   ) ▸ 2021

8 교회의 대표자가 교인총회의 결의를 거치지 아니하고 교회 재산을 처분한 행위에 대하여 권한을 넘은 표현대리에 관한 규정을 준용할 수 없다. (   ) ▸ 2015

9 권한을 넘은 표현대리의 규정은 **법정대리에는 적용되지 않는다**. (   ) ▸ 2015, 2016, 2024

정답 01 ○ 02 ○ 03 ○ 04 ○ 05 × 06 ○ 07 ○ 08 ○ 09 ×

제127조【대리권의 소멸사유】
대리권은 다음 각 호의 어느 하나에 해당하는 사유가 있으면 소멸된다. ▸ 2016
1. **본**인의 **사**망
2. **대**리인의 **사**망, **성**년후견의 개시 또는 **파**산

OX Check Point

1 본인 乙이 사망하더라도 특별한 사정이 없는 한 임의대리인 甲의 대리권은 **소멸하지 않는다**. ( ) ▸ 2024

2 본인의 성년후견의 개시는 대리권의 소멸사유가 아니다. ( ) ▸ 2016

3 행위능력자인 임의대리인이 성년후견개시 심판을 받아 제한능력자가 되면 그의 대리권은 소멸한다. ( ) ▸ 2023

4 복대리인을 선임하더라도 대리인의 대리권은 소멸하지 않는다. ( ) ▸ 2017

5 대리인의 대리권이 소멸하면 복대리인의 대리권도 소멸한다. ( ) ▸ 2016, 2022, 2025

정답 01 × 02 ○ 03 ○ 04 ○ 05 ○

제128조【임의대리의 종료】
법률행위에 의하여 수여된 대리권은 전조의 경우 외에 **그 원인된 법률관계의 종료**에 의하여 소멸한다. 법률관계의 종료 전에 **본인이 수권행위를 철회**한 경우에도 같다.

OX Check Point

1 계약체결의 권한을 수여받은 대리인은 체결한 계약을 처분할 권한이 **있다**. ( ) ▸ 2020

2 계약체결의 대리권을 수여받은 대리인은 특별한 사정이 없는 한 체결된 계약을 해제할 수 있는 권한을 갖지 않는다. ( ) ▸ 2018

3 예금계약의 체결을 위임받은 자의 대리권에는 특별한 사정이 없는 한 그 예금을 담보로 대출을 받을 수 있는 권한이 포함되어 **있다**. ( ) ▸ 2018

4 대리권은 다른 특약이 없으면 법률관계의 종료 전에 수권행위를 철회한 경우에도 소멸한다. ( ) ▸ 2017

정답 01 × 02 ○ 03 × 04 ○

제129조【대리권소멸 후의 표현대리】
대리권의 소멸은 선의의 제3자에게 대항하지 못한다. 그러나 제3자가 과실로 인하여 그 사실을 알지 못한 때에는 그러하지 아니하다.

OX Check Point

1 수권행위가 무효인 경우, 민법 제129조의 대리권 소멸 후의 표현대리가 적용되지 않는다. ( ) ▸ 2024

2 대리권 소멸 후의 표현대리에 관한 규정은 **임의대리에만 적용된다**. ( ) ▸ 2021

3 본인이 대리권 수여표시에 의한 표현대리 또는 대리권 소멸 후의 표현대리로 인하여 책임을 지기 위해서는 상대방이 선의·무과실이어야 한다. ( ) ▸ 2015

4 대리인이 대리권 소멸 후 복대리인을 선임하여 복대리인으로 하여금 대리행위를 하도록 한 경우, 대리권 소멸 후의 표현대리가 성립할 수 **없다**. ( ) ▸ 2015, 2018

정답 01 ○ 02 × 03 ○ 04 ×

제130조【무권대리】
대리권 없는 자가 타인의 대리인으로 한 **계약**은 본인이 이를 추인하지 아니하면 **본인**에 대하여 **효력이 없다**. ▸ 2016

OX Check Point

1 대리인이 자신의 이익을 도모하기 위하여 대리권을 남용한 경우는 **무권대리에 해당**한다. ( ) ▸ 2019

2 무권대리행위는 추인이나 거절 전에는 유동적 무효이다. ( ) ▸ 2015

3 상대방 없는 단독행위의 무권대리는 특별한 사정이 없는 한 확정적 무효이다. ( ) ▸ 2023

4 무권대리인이 무권대리행위 후 본인을 단독상속한 경우, 그 무권대리행위가 무효임을 주장하는 것은 **신의칙에 반하지 않는다**. ( ) ▸ 2018, 2024

5 처분권자는 명문의 규정이 없더라도 처분권 없는 자의 처분행위를 추인하여 이를 유효하게 할 수 있다. ( ) ▸ 2023

정답 01 × 02 ○ 03 ○ 04 × 05 ○

제131조【상대방의 최고권】
대리권 없는 자가 타인의 대리인으로 계약을 한 경우에 상대방은 상당한 기간을 정하여 본인에게 그 추인 여부의 확답을 최고할 수 있다. 본인이 그 기간 내에 확답을 **발**하지 아니한 때에는 추인을 **거절**한 것으로 **본다**.

OX Check Point

1 상대방이 계약 당시 대리인의 **대리권 없음을 알았다면** 상대방은 상당한 기간을 정하여 본인에게 추인 여부의 확답을 **최고할 수 없다**. ( ) ▸ 2017 사례, 2020 사례, 2022 사례

2 상대방은 본인에게 상당한 기간을 정하여 추인 여부의 확답을 최고할 수 있으며, 본인이 그 기간 내에 확답을 발하지 아니하면 본인이 **추인한 것**으로 본다. ( ) ▸ 2019 사례, 2024

정답 01 × 02 ×

제132조【추인, 거절의 상대방】
추인 또는 거절의 의사표시는 상대방에 대하여 하지 아니하면 그 상대방에 대항하지 못한다. 그러나 상대방이 그 사실을 안 때에는 그러하지 아니하다.

OX Check Point

1 무권대리행위의 추인은 상대방의 동의나 승낙을 요하지 않는다. ( ) ▸ 2022, 2025

2 무권대리행위의 추인은 본인이 무권대리행위의 상대방뿐만 아니라 무권대리인에 대해서도 할 수 있다. ( ) ▸ 2018, 2019 사례

3 본인이 무권대리인에게 무권대리행위를 추인한 경우에 상대방이 이를 알지 못하는 동안에는 본인은 상대방에게 추인의 효과를 주장하지 못한다. ( ) ▸ 2024, 2025

4 무권대리행위에 대한 본인의 추인은 재판상 · 재판외에서 묵시적으로도 할 수 있다. ( ) ▸ 2015. 2025

5 본인이 대리인의 무권대리행위를 알면서도 상대방에게 매매대금을 청구하여 전부를 수령하였다면, 특별한 사정이 없는 한, 위 계약을 추인한 것으로 볼 수 있다. ( ) ▸ 2016 사례, 2024

6 매매계약을 체결한 무권대리인으로부터 매매대금의 일부를 본인이 수령한 경우 특별한 사정이 없는 한 본인이 무권대리행위를 묵시적으로 추인한 것으로 본다. ( ) ▸ 2015

7 무권대리행위에 대한 본인의 추인은 그 일부에 대하여 추인을 하거나 그 내용을 변경하여 추인을 하였을 경우에는 상대방의 동의를 얻지 못하는 한 무효이다. ( ) ▸ 2022, 2025

8 본인이 무권대리행위의 추인을 거절한 후에는 다시 추인할 수 없다. ( ) ▸ 2015

9 계약 당시 무권대리인임을 알지 못하였던 상대방이 계약을 철회한 후에도 본인은 **무권대리행위를 추인할 수 있다**. ( ) ▸ 2022, 2025

정답 01 ○ 02 ○ 03 ○ 04 ○ 05 ○ 06 ○ 07 ○ 08 ○ 09 ×

第133조【추인의 효력】
추인은 다른 의사표시가 없는 때에는 **계약 시에 소급하여** 그 효력이 생긴다. 그러나 제3자의 권리를 해하지 못한다.

OX Check Point

1 본인이 무권대리에 의한 매매계약을 추인한 경우 다른 의사표시가 없으면 그 **계약은 추인한 때부터 장래를 향하여 효력이 있다.** ( )
▸ 2016 사례, 2017 사례, 2019 사례, 2021, 2023

2 본인이 상대방에게 매매계약을 추인한 때에는 매매계약은 확정적으로 효력이 생긴다. ( )
▸ 2020 사례

3 본인이 추인한 때에는 무권대리인은 자신이 미성년자임을 이유로 매매계약을 취소하지 못한다. ( )
▸ 2020 사례

4 본인이 이의제기 없이 무권대리행위를 장시간 방치한 것을 추인으로 볼 수는 없다. ( )
▸ 2020

정답 01 × 02 ○ 03 ○ 04 ○

제134조【상대방의 철회권】
대리권 없는 자가 한 **계약**은 본인의 **추인이 있을 때까지** 상대방은 본인이나 그 대리인에 대하여 이를 **철회**할 수 있다. 그러나 계약 당시에 상대방이 **대리권 없음을 안 때에는 그러하지 아니하다.**

OX Check Point

1 상대방이 계약 당시 대리인의 **대리권 없음을 알았더라도** 본인의 추인이 있을 때까지 상대방은 그 계약을 **철회할 수 있다.** ( ) ▸ 2016, 2017 사례, 2019 사례

2 본인이 **무권대리인**에게 추인한 때에도 그 사실을 모르는 상대방은 매매계약을 철회할 수 있다. ( ) ▸ 2020 사례

3 대리인의 대리권 없음을 알지 못한 상대방은, 본인이 **대리인에 대하여** 매매계약을 추인한 사실을 몰랐더라도 계약을 **철회할 수 없다.** ( ) ▸ 2016, 2017 사례
∵ 제132조에 따라 무권대리인에게 추인의 의사표시를 할 때에는 상대방에게 이를 주장할 수 없기 때문

정답 01 × 02 ○ 03 ×

제135조【상대방에 대한 무권대리인의 책임】
① 다른 자의 대리인으로서 계약을 맺은 자가 그 대리권을 증명하지 못하고 또 본인의 추인을 받지 못한 경우에는 그는 **상대방의 선택에 따라** 계약을 이행할 책임 **또는** 손해를 배상할 책임이 있다.
② 대리인으로서 계약을 맺은 자에게 대리권이 없다는 사실을 **상대방이 알았거나 알 수 있었을 때** 또는 대리인으로서 계약을 맺은 사람이 **제한능력자일 때에**는 제1항을 **적용하지 아니한다.**

OX Check Point

1 상대방에 대한 무권대리인의 책임에 관한 규정에 의하여 무권대리인은 상대방에게 무과실책임을 진다. ( ) ▸ 2015, 2017 사례

2 무권대리행위가 제3자의 위법행위로 야기된 경우에도, 본인이 추인하지 않으면 무권대리인은 계약을 이행하거나 손해를 배상하여야 한다. ( ) ▸ 2020

3 **본인이 추인**을 하더라도 상대방은 무권대리인을 상대로 무권대리인의 책임에 따른 **손해배상을 청구할 수 있다**. ( ) ▸ 2024

4 본인이 추인하지 않고 무권대리인이 자신의 대리권을 증명하지 못한 경우, 무권대리인은 **자신의 선택에 좇아** 선의·무과실인 상대방에게 계약의 이행이나 손해배상책임을 진다. ( ) ▸ 2019 사례

5 무권대리인의 상대방에 대한 책임은 대리권의 흠결에 관하여 **대리인에게 귀책사유가 있는 경우에만 인정된다**. ( ) ▸ 2023

6 대리권 없이 임의대리인으로 행세하여 계약을 할 당시 제한능력자인 경우, 무권대리인은 상대방에게 계약의 이행 또는 손해배상책임을 지지 않는다. ( ) ▸ 2016 사례 변형

정답 01 ○ 02 ○ 03 × 04 × 05 × 06 ○

第136조【단독행위와 무권대리】

단독행위에는 그 행위 당시에 상대방이 대리인이라 칭하는 자의 대리권 없는 행위에 동의하거나 그 대리권을 다투지 아니한 때에 한하여 전6조의 규정을 준용한다. 대리권 없는 자에 대하여 그 동의를 얻어 단독행위를 한 때에도 같다.

제4절 무효와 취소

OX Check Point

※ 토지거래허가 구역 내의 토지를 매매한 경우

1 토지거래허가 전에는 매수인은 매도인에게 계약의 이행을 청구할 수 없다. ( ) ▸ 2024, 2025

2 토지거래허가를 받지 않아 유동적 무효 상태에 있는 법률행위라도 사기에 의한 의사표시의 요건이 충족된 경우 사기를 이유로 취소할 수 있다. ( ) ▸ 2021, 2024

3 매도인이 허가신청절차에 협력하지 않는다면 매수인은 매도인에 대하여 협력의무의 이행을 소구할 수 있다. ( ) ▸ 2025

4 매도인이 토지거래허가신청절차에 협력하지 않는 경우, 매수인은 이를 이유로 **계약을 해제할 수 있다**. ( ) ▸ 2024

5 토지거래허가를 받으면 위 매매계약은 소급해서 유효로 되므로 허가 후에 새로 매매계약을 체결할 필요는 없다. ( ) ▸ 2024, 2025

6 쌍방이 토지거래허가신청을 하지 않기로 하는 의사를 명백히 표시한 경우 매매계약은 확정적으로 무효가 된다. ( ) ▸ 2025

7 토지거래허가구역 지정이 해제된 경우, 특별한 사정이 없는 한 위 매매계약은 확정적으로 유효하다. ( ) ▸ 2024

8 토지거래허가구역 내의 토지를 매매한 당사자가 **계약체결 시부터 허가를 잠탈할 의도**였더라도, 그 후 해당 토지에 대한 허가구역 지정이 해제되었다면 위 매매계약은 **유효가 된다**. ( ) ▸ 2023

9 무효인 법률행위에 따른 법률효과를 침해하는 것처럼 보이는 채무불이행이 있다고 하여도 그 법률효과의 침해에 따른 손해배상을 청구할 수는 없다. ( ) ▸ 2017

10 반사회적 법률행위를 원인으로 부동산에 관한 소유권이전등기를 마친 등기명의자가 소유권에 기한 물권적 청구권을 행사하는 경우, 상대방은 법률행위의 **무효를 항변으로서 주장할 수 없다**. ( ) ▸ 2018

정답 01 ○ 02 ○ 03 ○ 04 × 05 ○ 06 ○ 07 ○ 08 × 09 ○ 10 ×

第137条【법률행위의 일부무효】

법률행위의 일부분이 무효인 때에는 그 **전부를 무효로 한다**. 그러나 그 무효부분이 없더라도 법률행위를 하였을 것이라고 인정될 때에는 나머지 부분은 무효가 되지 아니한다.

OX Check Point

1 법률행위의 일부무효에 관한 민법 제137조는 임의규정이다. ( ) ▸ 2022

2 「민법」상 법률행위의 일부가 무효인 때에는 전부를 무효로 함이 원칙이다. ( ) ▸ 2015

3 법률행위의 일부분이 무효인 경우, 그 무효부분이 없더라도 법률행위를 하였을 것이라고 인정될 때에는 나머지 부분은 무효가 되지 않는다. ( ) ▸ 2016

4 법률행위의 일부분이 무효일 때, 그 나머지 부분의 유효성을 판단함에 있어 나머지 부분을 유효로 하려는 당사자의 가정적 의사를 고려하여야 한다. ( ) ▸ 2023

정답 01 ○ 02 ○ 03 ○ 04 ○

第138条【무효행위의 전환】

무효인 법률행위가 다른 법률행위의 요건을 구비하고 당사자가 그 무효를 알았더라면 다른 법률행위를 하는 것을 의욕하였으리라고 인정될 때에는 다른 법률행위로서 효력을 가진다. ▸ 2018

OX Check Point

1 매매계약이 매매대금의 과다로 인하여 불공정한 법률행위로서 무효인 경우, 무효행위의 전환에 관한 규정이 적용될 수 **없다**. ( ) ▸ 2016, 2017, 2022

정답 01 ×

제139조【무효행위의 추인】
무효인 법률행위는 추인하여도 그 효력이 생기지 아니한다. 그러나 당사자가 그 무효임을 알고 추인한 때에는 새로운 법률행위로 본다.

OX Check Point

1 무효행위의 추인은 명시적으로뿐만 아니라 묵시적으로도 할 수 있다. ( ) ▸ 2016, 2017

2 무효인 법률행위를 추인에 의하여 새로운 법률행위로 보기 위해서는 당사자가 이전의 법률행위가 무효임을 알고 그 행위에 대하여 추인하여야 한다. ( ) ▸ 2018, 2023

3 후속행위를 한 것이 묵시적 추인으로 인정되기 위해서는 이전의 법률행위가 무효임을 알거나, 무효임을 의심하면서도 그 행위의 효과를 자기에게 귀속시키도록 하는 의사로 후속행위를 하였음이 인정되어야 한다. ( ) ▸ 2018

4 집합채권의 양도가 양도금지특약을 위반하여 무효인 경우, 채무자는 집합채권의 일부 개별 채권을 특정하여 추인할 수 **없다**. ( ) ▸ 2022

5 무효인 재산상 법률행위에 대하여 당사자가 무효임을 알고 추인하면 그 추인에는 **원칙적으로 소급효가 인정된다**. ( ) ▸ 2017

6 무효인 가등기를 유효한 등기로 전용하기로 한 약정은 그때부터 유효하고, 이로써 그 가등기가 소급하여 유효한 등기로 전환될 수 없다. ( ) ▸ 2016, 2022

정답 01 ○ 02 ○ 03 ○ 04 × 05 × 06 ○

제140조【법률행위의 취소권자】
취소할 수 있는 법률행위는 **제한능력자**, **착오**로 인하거나 **사기·강박**에 의하여 의사표시를 한 자, 그의 대리인 또는 **승계인만**이 취소할 수 있다.

OX Check Point

1 제한능력자가 취소권을 가지는 경우 법정대리인의 동의 없이 행사할 수 있다. ( ) ▸ 2017, 2019

2 착오로 인하여 취소할 수 있는 법률행위를 한 자의 포괄승계인은 그 법률행위를 취소할 수 있다. ( ) ▸ 2019

3 강박에 의하여 의사표시를 한 자의 포괄승계인은 그 의사표시를 취소할 수 있다. ( ) ▸ 2022

4 제한능력자가 맺은 계약은 추인이 있을 때까지 **상대방이** 그 의사표시를 취소할 수 **있다**. ( ) ▸ 2018

5 무효인 법률행위는 취소할 수 **없다**. ( ) ▸ 2015
∵ 무효와 취소 "이중효" 예컨대, 9세 정도의 의사무능력자의 법률행위는 무효이나, 제한능력을 이유로 취소도 가능하다.

정답 01 ○ 02 ○ 03 ○ 04 × 05 ×

제141조【취소의 효과】
취소된 법률행위는 **처음부터 무효인 것**으로 **본다**. 다만, **제한능력자**는 그 행위로 인하여 받은 **이익이 현존하는 한도에서 상환**(償還)할 책임이 있다.

OX Check Point

1 법률행위 취소의 효과는 소급효가 원칙적으로 인정된다. ( ) ▸ 2021

2 사기를 이유로 취소된 법률행위는 처음부터 무효인 것으로 본다. ( ) ▸ 2017

3 제한능력을 이유로 법률행위를 취소한 경우, 제한능력자는 선의·악의를 묻지 아니하고 그 행위로 인하여 받은 이익이 현존하는 한도에서 상환할 책임이 있다. ( ) ▸ 2017, 2018, 2019, 2022

4 계약자유의 원칙상 **제한능력자를 보호하는 규정에 반하는** 매매계약도 유효하다. ( ) ▸ 2017

정답 01 ○ 02 ○ 03 ○ 04 ×

제142조【취소의 상대방】
취소할 수 있는 법률행위의 상대방이 확정된 경우에는 그 취소는 그 상대방에 대한 의사표시로 하여야 한다.

OX Check Point

1 취소할 수 있는 법률행위의 상대방이 그 행위로 취득한 특정의 권리를 양도한 경우, 양수인이 아닌 원래의 상대방에게 취소의 의사표시를 하여야 한다. ( ) ▸ 2023

2 의사표시의 취소는 취소기간 내에 소를 제기하는 방법으로만 행사하여야 하는 것은 아니다. ( ) ▸ 2022

3 법률행위의 취소를 전제로 한 소송상의 이행청구에는 취소의 의사표시가 포함되어 있다고 볼 수 있다. ( ) ▸ 2018

4 법률행위의 취소를 전제로 한 이행거절 가운데는 특별한 사정이 없는 한 취소의 의사표시가 포함된 것으로 볼 수 있다. ( ) ▸ 2024

5 취소권의 행사 시 반드시 취소원인의 진술이 함께 행해져야 하는 것은 아니다. ( ) ▸ 2023

정답 01 ○ 02 ○ 03 ○ 04 ○ 05 ○

제143조【추인의 방법, 효과】
① 취소할 수 있는 법률행위는 제140조에 규정한 자가 추인할 수 있고 추인 후에는 취소하지 못한다.
② 전조의 규정은 전항의 경우에 준용한다.

OX Check Point

1 취소할 수 있는 법률행위는 취소권자가 추인할 수 있고, 추인 후에는 취소할 수 없다. ( ) ▸ 2015, 2019

2 취소할 수 있는 법률행위가 일단 취소된 후에는 취소할 수 있는 법률행위의 추인에 의하여 이를 다시 확정적으로 유효하게 할 수는 없다. ( ) ▸ 2024

3 법률행위를 취소한 후라도 무효행위의 추인의 요건과 효력으로서 추인할 수 있다. ( ) ▸ 2017, 2018, 2022

정답 01 ○ 02 ○ 03 ○

제144조【추인의 요건】
① **추인**은 **취소의 원인이 소멸된 후**에 하여야**만** 효력이 있다.
② 제1항은 법정대리인 또는 후견인이 추인하는 경우에는 적용하지 아니한다.

OX Check Point

1 취소할 수 있는 법률행위의 추인은 취소의 원인이 소멸된 후에 하여야 효력이 있다. ( ) ▸ 2015

2 피성년후견인은 법정대리인의 동의가 있더라도 재산상 법률행위를 스스로 유효하게 추인할 수 없다. ( ) ▸ 2017

3 미성년자가 동의 없이 단독으로 행한 법률행위를 그 **법정대리인이 추인하는 경우, 그 추인은 취소의 원인이 소멸한 후에 하여야만** 효력이 있다. ( ) ▸ 2017, 2019, 2022

정답 01 ○ 02 ○ 03 ×

제145조【법정추인】
취소할 수 있는 법률행위에 관하여 전조의 규정에 의하여 추인할 수 있는 후에 다음 각 호의 사유가 있으면 추인한 것으로 본다. 그러나 이의를 보류한 때에는 그러하지 아니하다.
1. 전부나 일부의 **이**행
2. 이행의 **청**구 → **취소권자**가 **청**구하는 경우만 포함
3. **경**개
4. **담**보의 제공
5. 취소할 수 있는 행위로 취득한 권리의 전부나 일부의 **양**도
→ **취소권자**가 취득한 권리의 전부나 일부의 **양도하는** 경우만 포함
6. **강제**집행

OX Check Point

1 미성년자 甲이 그 소유 물건에 대한 매매계약을 체결한 후에 미성년인 상태에서 매매대금의 이행을 청구하여 대금을 모두 지급받았다면 그의 유일한 법정대리인 乙은 그 매매계약을 취소할 수 **없다**. ( ) ▸ 2022

정답 01 ×

第146条【취소권의 소멸】

취소권은 **추인할 수 있는 날**부터 **3년** 내에, **법률행위를 한 날**부터 **10년** 내에 행사하여야 한다. ▸ 2018, 2019, 2022, 2024

→ 3년 또는 10년의 두 기간 중 어느 것이든 먼저 경과하면 취소권은 소멸한다.

OX Check Point

1 취소권은 법률행위를 추인할 수 있는 날로부터 3년 내에 행사하여야 한다. ( ) ▸ 2015

2 취소권의 단기제척기간은 **취소**할 수 있는 날로부터 3년이다. ( ) ▸ 2023

3 취소할 수 있는 법률행위의 취소권의 행사기간은 제척기간이다. ( ) ▸ 2024

정답 01 ○ 02 × 03 ○

제5절 조건과 기한

OX Check Point

1 모든 법률행위에는 조건을 붙일 수 **있다.** ( ) ▸ 2016

2 조건을 붙이는 것이 허용되지 않는 법률행위에 조건을 붙인 경우 **그 조건만 무효로 된다.** ( ) ▸ 2025

3 단독행위의 경우 **상대방이 동의한 경우**에도 조건을 붙일 수 **없다.** ( ) ▸ 2018

4 채무면제와 같은 단독행위에는 조건을 붙일 수 **없다.** ( ) ▸ 2021

5 법률행위 당시에 곧바로 효력을 발생하게 할 필요가 있는 입양에는 시기를 붙이지 못한다. ( ) ▸ 2018

6 물권행위에는 조건을 붙일 수 **없다.** ( ) ▸ 2023

7 조건은 법률행위의 효력의 발생 또는 소멸을 장래의 불확실한 사실의 성부에 의존하게 하는 법률행위의 부관이다. ( ) ▸ 2017

8 조건은 법률행위의 효력의 발생 또는 소멸을 장래에 생기는 것이 **확실한 사실**에 의존하게 하는 법률행위의 부관이다. ( ) ▸ 2018

9 조건을 붙이고자 하는 의사가 있더라도 그것이 표시되지 않으면 법률행위의 부관으로서의 조건이 되는 것은 아니다. ( ) ▸ 2016, 2017, 2025

10 조건이 되기 위해서는 법률이 요구하는 것이 아니라 당사자가 임의로 부가한 것이어야 한다. ( ) ▸ 2023

11 법정조건도 법률행위의 부관으로서 **조건에 해당한다.** ( ) ▸ 2021

12 어느 법률행위에 어떤 조건이 붙어 있었는지 여부는 그 조건의 존재를 주장하는 자가 입증하여야 한다. ( ) ▸ 2015, 2016, 2020

13 부관이 붙은 법률행위에 있어서 부관에 표시된 사실의 발생 유무에 상관없이 그 채무를 이행해야 하는 경우에는 **조건**으로 보아야 한다. ( ) ▸ 2016, 2017

∵ 기한

14 불확정한 사실의 발생을 기한으로 한 경우, 특별한 사정이 없는 한 그 사실의 발생이 불가능한 것으로 확정된 때에도 기한이 도래한 것으로 본다. ( ) ▸ 2021. 2025

15 임대인이 생존하는 동안 임대하기로 하는 계약은 기한부 법률행위이다. ( ) ▸ 2015

정답 01 × 02 × 03 × 04 × 05 ○ 06 × 07 ○ 08 × 09 ○ 10 ○
11 × 12 ○ 13 × 14 ○ 15 ○

第147条【조건성취의 효과】

① 정지조건 있는 법률행위는 조건이 성취한 때로부터 그 효력이 생긴다.
② 해제조건 있는 법률행위는 조건이 성취한 때부터 그 효력을 잃는다.
③ 당사자가 조건성취의 효력을 **그 성취 전에 소급하게 할 의사를 표시한 때에는 그 의사에 의한다.**

OX Check Point

1 정지조건이 있는 법률행위는 특별한 사정이 없는 한 조건이 성취한 때로부터 그 효력이 생긴다. ( ) ▸ 2022

2 정지조건부 법률행위의 경우에는 조건성취로 권리를 취득하는 자가 조건성취 사실에 대한 증명책임을 진다. ( ) ▸ 2017, 2020

3 건축허가를 받지 못하면 무효로 한다는 약정 아래 이루어진 토지매매계약은 해제조건부 계약이다. ( ) ▸ 2025

4 당사자의 특별한 의사표시가 없는 한 정지조건이든 해제조건이든 그 성취의 효력은 소급하지 않는다. ( ) ▸ 2023

5 조건성취의 효력은 당사자의 의사표시로 소급하게 할 수 **없다**. ( ) ▸ 2019

6 정지조건 있는 법률행위에서 당사자는 조건성취의 효력을 그 성취 전에 소급하게 할 수 **없다**. ( ) ▸ 2018

정답 01 ○ 02 ○ 03 ○ 04 ○ 05 × 06 ×

第148条【조건부권리의 침해금지】

조건 있는 법률행위의 당사자는 조건의 성부가 미정한 동안에 조건의 성취로 인하여 생길 상대방의 이익을 해하지 못한다. ▸ 2022

OX Check Point

1 당사자는 조건의 성부가 미정인 동안에 조건의 성취로 인하여 생길 상대방의 이익을 해하지 못한다. ( ) ▸ 2016

정답 01 ○

제149조【조건부권리의 처분 등】
조건의 성취가 미정한 권리의무는 일반규정에 의하여 처분, 상속, 보존 또는 담보로 할 수 있다.

OX Check Point

1 조건의 성취가 미정인 권리는 일반규정에 의하여 담보로 할 수 있다. ( ) ▸ 2019, 2022

2 조건의 성취가 미정인 권리는 일반규정에 의하여 처분, 상속할 수 있으나 담보로 제공할 수는 **없다**. ( ) ▸ 2018

정답 01 ○ 02 ×

제150조【조건성취, 불성취에 대한 반신의행위】
① 조건의 성취로 인하여 불이익을 받을 당사자가 신의성실에 반하여 조건의 성취를 방해한 때에는 상대방은 그 조건이 성취한 것으로 주장할 수 있다.
② 조건의 성취로 인하여 이익을 받을 당사자가 신의성실에 반하여 조건을 성취시킨 때에는 상대방은 그 조건이 성취하지 아니한 것으로 주장할 수 있다. ▸ 2022

OX Check Point

1 조건의 성취로 인하여 불이익을 받을 당사자가 신의성실에 반하여 조건의 성취를 방해하였어도 상대방은 그 조건이 성취한 것으로 주장할 수 **없다**. ( ) ▸ 2016

2 조건의 성취로 불이익을 받을 당사자가 신의성실에 반하여 조건의 성취를 방해한 경우, 처음부터 **조건 없는 법률행위로 본다**. ( ) ▸ 2020

3 조건의 성취를 의제하는 효과를 발생시키는 조건성취 방해 행위에는 과실에 의한 행위도 포함된다. ( ) ▸ 2023

4 조건의 성취로 인하여 불이익을 받을 당사자가 신의성실에 반하여 조건의 성취를 방해한 경우, 조건이 성취된 것으로 의제되는 시점은 신의성실에 반하는 행위가 없었더라면 조건이 성취되었으리라고 추산되는 시점이다. ( ) ▸ 2015, 2018

5 조건의 성취로 인하여 이익을 받을 당사자가 신의성실에 반하여 조건을 성취시킨 때에도 상대방은 그 조건이 성취하지 아니한 것으로 주장할 수 **없다**. ( ) ▸ 2018

정답 01 × 02 × 03 ○ 04 ○ 05 ×

제151조【불법조건, 기성조건】

① **조건**이 선량한 풍속 기타 사회질서에 위반한 것인 때에는 **그 법률행위**는 **무효**로 한다. ▸ 2015

② 조건이 법률행위의 당시 **이미 성취한 것**인 경우에는 그 조건이 정지조건이면 조건 없는 법률행위로 하고 해제조건이면 그 법률행위는 무효로 한다.

③ 조건이 법률행위의 당시에 **이미 성취할 수 없는 것**인 경우에는 그 조건이 해제조건이면 조건 없는 법률행위로 하고 정지조건이면 그 법률행위는 무효로 한다.

OX Check Point

1 조건의 내용 자체가 불법적인 것이어서 무효일 경우, 그 법률행위 전부가 무효로 된다. ( ) ▸ 2016

2 불법조건은 **그 조건만이 무효가 되고** 그 법률행위는 **조건 없는 법률행위로 된다**. ( ) ▸ 2024

3 부첩(夫妾)관계의 종료를 해제조건으로 하는 부동산 증여계약은 해제조건뿐만 아니라 증여계약도 무효이다. ( ) ▸ 2023

4 조건부 법률행위에 있어 조건의 내용 자체가 불법적인 것이어서 무효일 경우 그 조건만을 분리하여 무효로 할 수 **있다**. ( ) ▸ 2018

5 조건에 친하지 않은 법률행위에 불법조건을 붙이면 **조건 없는 법률행위로 전환된다**. ( ) ▸ 2021

6 조건이 법률행위 당시 이미 성취한 것인 경우에는 그 조건이 정지조건이면 그 법률행위는 **무효로 한다**. ( ) ▸ 2016

7 기성조건이 정지조건이면 조건 없는 법률행위가 된다. ( ) ▸ 2024

8 조건이 법률행위 당시 이미 성취할 수 없는 것인 경우에는 그 조건이 정지조건이면 **조건 없는 법률행위로 한다**. ( ) ▸ 2016

9 불능조건이 정지조건인 경우 그 법률행위는 무효이다. ( ) ▸ 2020

10 조건이 법률행위의 당시 이미 성취한 것인 경우에는 그 조건이 해제조건이면 **조건 없는 법률행위로 한다**. ( ) ▸ 2018, 2022

11 조건이 법률행위 당시에 이미 성취할 수 없는 것일 경우에는 그 조건이 해제조건이면 조건 없는 법률행위로 한다. ( ) ▸ 2019

12 불능조건이 해제조건이면 조건 없는 법률행위가 된다. ( ) ▸ 2017, 2024

13 해제조건부 법률행위에서 그 조건이 이미 성취할 수 없는 것인 경우 그 법률행위는 **무효**로 한다. ( ) ▸ 2015

정답 01 ○ 02 × 03 ○ 04 × 05 × 06 × 07 ○ 08 × 09 ○ 10 ×
11 ○ 12 ○ 13 ×

제152조【기한도래의 효과】
① 시기 있는 법률행위는 기한이 도래한 때로부터 그 효력이 생긴다.
② 종기 있는 법률행위는 기한이 도래한 때로부터 그 효력을 잃는다.

OX Check Point

1 종기 있는 법률행위는 기한이 도래한 때로부터 **그 효력이 생긴다**. ( ) ▸ 2018

2 기한부 법률행위에서의 기한도래의 효과는 소급효가 원칙적으로 인정되지 않는다. ( ) ▸ 2021

3 기한은 당사자의 특약에 의해서도 소급효를 인정할 수 없다. ( ) ▸ 2024

정답 01 × 02 ○ 03 ○

제153조【기한의 이익과 그 포기】

① 기한은 **채무자**의 이익을 위한 것으로 **추정**한다. ▸2025

② 기한의 이익은 이를 포기할 수 있다. 그러나 상대방의 이익을 해하지 못한다. ▸2019

OX Check Point

1 당사자의 특약이나 법률행위의 성질상 분명하지 않으면 기한은 **채무자**의 이익을 위한 것으로 **추정**한다. ( ) ▸2019, 2021, 2024

2 기한의 이익이 채권자 및 채무자 쌍방에게 있는 경우, 채무자는 기한의 이익을 포기할 수 **없다**. ( ) ▸2017

∵ 기한의 이익이 상대방을 위하여서도 존재하는 경우에는 상대방의 손해를 배상하고 포기할 수 있다.

3 기한이익 상실의 약정은 특별한 사정이 없으면 형성권적 기한이익 상실의 약정으로 추정한다. ( ) ▸2017, 2020

4 형성권적 기한이익 상실의 특약이 있는 할부채무의 경우, 특별한 사정이 없는 한 1회의 불이행이 있으면 **채무전액에 대하여** 소멸시효가 진행한다. ( ) ▸2017

∵ 1회의 불이행이 있더라도 각 할부금에 대해 그 각 변제기의 도래 시마다 그때부터 순차로 소멸시효가 진행하고 채권자가 특히 잔존 채무 전액의 변제를 구하는 취지의 의사를 표시한 경우에 한하여 전액에 대하여 그때부터 소멸시효가 진행

5 정지조건부 기한이익 상실의 특약이 있는 경우, 그 특약에 정한 기한이익 상실사유가 발생하더라도 기한이익을 상실케 하는 채권자의 의사표시가 없다면 특별한 사정이 없는 한 **이행기 도래의 효과가 발생하지 않는다**. ( ) ▸2017

정답 01 ○ 02 × 03 ○ 04 × 05 ×

제154조【기한부권리와 준용규정】

제148조와 제149조의 규정은 기한 있는 법률행위에 준용한다.

Chapter 06

기간

제155조【본장의 적용범위】
기간의 계산은 법령, 재판상의 처분 또는 법률행위에 다른 정한 바가 없으면 본장의 규정에 의한다.

제156조【기간의 기산점】
기간을 시, 분, 초로 정한 때에는 즉시로부터 기산한다. ▸ 2018, 2019

제157조【기간의 기산점】
기간을 일, 주, 월 또는 연으로 정한 때에는 기간의 초일은 산입하지 아니한다. 그러나 그 기간이 오전 0시로부터 시작하는 때에는 그러하지 아니하다.

OX Check Point

1 채무의 이행기를 일, 주, 월 또는 연으로 정한 때에는 기간이 오전 0시로부터 시작하는 경우가 아닌 한, 기간의 초일을 산입하지 않는다. ( ) ▸ 2019

2 기간을 월로 정한 경우 그 기간이 오전 영시로부터 시작하는 때에는 기간의 초일을 산입한다. ( ) ▸ 2018

정답 01 O 02 O

제158조【나이의 계산과 표시】
나이는 출생일을 산입하여 만(滿) 나이로 계산하고, 연수(年數)로 표시한다. 다만, 1세에 이르지 아니한 경우에는 월수(月數)로 표시할 수 있다.
▸ 2018, 2019

제159조【기간의 만료점】
기간을 일, 주, 월, 또는 연으로 정한 때에는 기간말일의 종료로 기간이 만료한다. ▸ 2019

OX Check Point

1 기간을 일(日)로 정한 때에는 기간말일의 종료로 기간이 만료한다. ( ) ▸ 2018

정답 01 ○

제160조【역에 의한 계산】
① 기간을 주, 월 또는 연으로 정한 때에는 역에 의하여 계산한다.
② 주, 월 또는 연의 처음으로부터 기간을 기산하지 아니하는 때에는 최후의 주, 월 또는 연에서 그 기산일에 해당한 날의 **전일로** 기간이 만료한다.
③ 월 또는 연으로 정한 경우에 최종의 월에 해당일이 없는 때에는 그 월의 **말일**로 기간이 만료한다.

OX Check Point

1 주, 월 또는 연의 처음부터 기간을 기산하지 아니한 때에는 최후의 주, 월 또는 연에서 **그 기산일에 해당한 날로** 기간이 만료한다. ( ) ▸ 2019

2 기간을 연으로 정한 경우 최종의 월에 해당일이 없는 때에는 **그 익월의 초일로** 기간이 만료한다. ( ) ▸ 2018

정답 01 × 02 ×

제161조【공휴일 등과 기간의 만료점】
기간의 **말일**이 **토요일 또는 공휴일에 해당한 때**에는 기간은 그 **익일**로 **만료**한다.

Chapter 07

소멸시효

OX Check Point

1 제척기간은 소송상 **당사자가 제척기간의 도과를 주장한 경우에 한하여 고려된다.** ( ) ▸ 2015

2 제척기간의 경과는 법원의 직권조사사항이지만, 소멸시효의 완성은 직권조사사항이 아니다. ( ) ▸ 2019

3 손해배상청구권에 대해 법률이 제척기간을 규정하고 있더라도 그 청구권은 소멸시효에 걸린다. ( ) ▸ 2023

4 소유권은 소멸시효에 걸리지 않는다. ( ) ▸ 2018

5 소유권에 기한 물권적 청구권은 소멸시효의 대상이 되지 않는다. ( ) ▸ 2016, 2025

6 소유권에 기한 말소등기청구권은 소멸시효의 적용을 받지 않는다. ( ) ▸ 2020

7 공유관계가 존속하는 한 공유물분할청구권만이 독립하여 시효로 소멸될 수 없다. ( ) ▸ 2016

8 소유권을 비롯한 **물권은** 소멸시효의 적용을 받지 **않는다.** ( ) ▸ 2020

9 지역권은 소멸시효의 대상이 될 수 있다. ( ) ▸ 2019

정답 01 × 02 ○ 03 ○ 04 ○ 05 ○ 06 ○ 07 ○ 08 × 09 ○

제162조【채권, 재산권의 소멸시효】

① **채권**은 **10년**간 행사하지 아니하면 소멸시효가 완성한다.

② 채권 및 소유권 이외의 재산권은 **20년**간 행사하지 아니하면 소멸시효가 완성한다.

OX Check Point

1 전망지역권은 소멸시효에 **걸리지 않는다.** ( ) ▸ 2025

2 지역권은 20년간 행사하지 않으면 시효로 소멸한다. ( ) ▸ 2024

정답 01 × 02 ○

제163조【3년의 단기소멸시효】

다음 각 호의 채권은 **3년간** 행사하지 아니하면 소멸시효가 완성한다.

1. 이자, 부양료, 급료, 사용료 기타 **1년 이내의 기간**으로 정한 금전 또는 물건의 지급을 목적으로 한 채권
2. 의사, 조산사, 간호사 및 약사의 치료, 근로 및 조제에 관한 채권
3. 도급받은 자, 기사 기타 공사의 설계 또는 감독에 종사하는 자의 공사에 관한 채권
4. 변호사, 변리사, 공증인, 공인회계사 및 법무사에 대한 직무상 보관한 서류의 반환을 청구하는 채권
5. 변호사, 변리사, 공증인, 공인회계사 및 법무사의 직무에 관한 채권
6. 생산자 및 상인이 판매한 생산물 및 상품의 대가
7. 수공업자 및 제조자의 업무에 관한 채권

OX Check Point

1 3년의 단기소멸시효가 적용되는 '1년 이내의 기간으로 정한 채권'이란 1년 이내의 정기로 지급되는 채권을 말한다. ( ) ▸ 2025

정답 01 ○

제164조【1년의 단기소멸시효】

다음 각 호의 채권은 **1년간** 행사하지 아니하면 소멸시효가 완성한다.

1. 여관, 음식점, 대석, 오락장의 숙박료, 음식료, 대석료, 입장료, 소비물의 대가 및 체당금의 채권
2. 의복, 침구, 장구 기타 동산의 사용료의 채권
3. 노역인, 연예인의 임금 및 그에 공급한 물건의 대금채권
4. 학생 및 수업자의 교육, 의식 및 유숙에 관한 교주, 숙주, 교사의 채권

OX Check Point

1 1년의 단기소멸시효에 걸리는 채권의 상대방이 그 채권의 발생원인이 된 계약에 기하여 가지는 **반대채권은** 특별한 사정이 없는 한 10년의 소멸시효에 걸린다. ( ) ▸ 2018

정답 01 ○

제165조【판결 등에 의하여 확정된 채권의 소멸시효】

① 판결에 의하여 확정된 채권은 **단기의 소멸시효에 해당한 것이라도** 그 소멸시효는 **10년**으로 한다.

② 파산절차에 의하여 확정된 채권 및 재판상의 화해, 조정 기타 판결과 동일한 효력이 있는 것에 의하여 확정된 채권도 전항과 같다.

③ 전2항의 규정은 판결확정 당시에 변제기가 도래하지 아니한 채권에 적용하지 아니한다.

OX Check Point

1 변제기가 도래한 단기소멸시효채권이 판결에 의해 확정된 경우 그 소멸시효는 **5년**으로 한다. ( ) ▸ 2018

2 변제기가 도래하여 지급명령에서 확정된 채권은 단기의 소멸시효에 해당하는 것이라도 그 소멸시효기간이 10년으로 연장된다. ( ) ▸ 2025

정답 01 × 02 ○

제166조【소멸시효의 기산점】

① 소멸시효는 **권리를 행사할 수 있는 때로부터 진행**한다.

② 부작위를 목적으로 하는 채권의 소멸시효는 위반행위를 한 때로부터 진행한다. ▸ 2018, 2019, 2022, 2024

OX Check Point

1 당사자가 본래의 소멸시효 기산일보다 뒤의 날짜를 기산일로 주장하는 경우 법원은 **본래의 소멸시효 기산일을 기준**으로 소멸시효를 **계산하여야 한다**. ( ) ▸ 2015, 2019

2 소멸시효는 권리를 행사할 수 있는 때로부터 진행하며, 이때 '권리를 행사할 수 있다'는 것은 권리를 행사함에 있어 원칙적으로 법률상 장애가 없는 것을 가리킨다. ( ) ▸ 2019

3 정지조건부 권리의 경우에는 조건 미성취의 동안은 권리를 행사할 수 없는 것이어서 소멸시효가 진행되지 않는다. ( ) ▸ 2019, 2021, 2024. 2025

4 채권의 이행기가 도래한 후 채권자와 채무자가 이행기를 유예하기로 합의한 경우 소멸시효는 변경된 이행기가 도래한 때부터 다시 진행한다. ( ) ▸ 2025

5 소유권이전등기의무의 이행불능으로 인한 전보배상청구권의 소멸시효는 이전등기의무가 이행불능이 된 때부터 진행된다. ( ) ▸ 2019

6 매매로 인한 소유권이전채무의 이행불능으로 인한 손해배상채권의 소멸시효는 그 소유권이전채무가 이행불능으로 된 때부터 진행한다. ( ) ▸ 2016, 2022

7 채무불이행으로 인한 손해배상청구권의 소멸시효는 **손해배상을 청구한 때부터** 진행한다. ( ) ∵ 채무불이행 시 ▸ 2020, 2021

8 불확정기한부 채권은 객관적으로 기한이 도래하면 그때부터 소멸시효가 진행한다. ( ) ▸ 2016, 2024

9 이행기한을 정하지 않은 채권은 **채권자의 이행최고가 있은 날로부터** 소멸시효가 진행한다. ( ) ∵ 언제나 행사가 가능하므로 채권성립시부터 ▸ 2021

10 부당이득반환청구권은 **기한의 도래를 안 때**가 소멸시효의 기산점이다. ( ) ▸ 2024

11 동시이의 항변권이 붙어있는 채권은 **그 항변권이 소멸된 이후부터** 소멸시효가 진행한다. ( ) ∵ 이행기 도래시 ▸ 2016, 2021, 2022, 2023

12 재산권이전청구권과 동시이행관계에 있는 매매대금채권의 소멸시효는 지급기일부터 진행한다. ( ) ▸ 2020

13 선택채권은 선택권을 행사할 수 있을 때가 소멸시효의 기산점이다. ( ) ▸ 2024

14 무권대리인에 대한 상대방의 계약이행청구권이나 손해배상청구권은 그 선택권을 행사할 수 있을 때부터 소멸시효가 진행한다. ( ) ▸ 2021

15 매수인이 매매 목적물인 부동산을 인도받아 점유하고 있는 이상 그 소유권이전등기청구권의 소멸시효는 진행되지 않는다. ( ) ▸ 2015 사례, 2016, 2025

16 인도받은 부동산을 소유권이전등기를 하지 않고 제3자에게 처분·인도한 매수인의 등기청구권은 소멸시효에 걸리지 않는다. ( ) ▸ 2015 사례, 2020, 2025

17 매수인이 매매 목적물인 부동산을 인도받아 점유하고 있는 이상 만약 **제3자가 미등기매수인의 점유를 침탈했더라도,** 미등기매수인의 매도인에 대한, 매매를 원인으로 하는 소유권이전등기청구권은 **소유시효가 진행하지 않는다.** ( ) ▸ 2015 사례

18 등기 없는 점유취득시효가 완성하였으나 등기하지 않은 토지점유자가 토지의 점유를 잃은 경우, 그로부터 10년이 지나면 등기청구권은 소멸한다. ( ) ▸ 2020

정답									
01 ×	02 ○	03 ○	04 ○	05 ○	06 ○	07 ×	08 ○	09 ×	10 ×
11 ×	12 ○	13 ○	14 ○	15 ○	16 ○	17 ×	18 ○		

제167조【소멸시효의 소급효】

소멸시효는 **그 기산일**에 **소급**하여 효력이 생긴다. ▸ 2021

OX Check Point

1 소멸시효에 의한 권리소멸은 기산일에 소급하여 효력이 있으나, 제척기간에 의한 권리소멸은 장래에 향하여 효력이 있다. ( ) ▸ 2019

2 동일한 목적을 달성하기 위하여 복수의 채권을 가진 채권자가 어느 하나의 채권만을 행사하는 것이 명백한 경우, 채무자의 소멸시효 완성 항변은 채권자가 행사하는 당해 채권에 대한 항변으로 볼 수 있다. ( ) ▸ 2018

3 채무불이행으로 인한 손해배상청구권에 대한 소멸시효 항변이 불법행위로 인한 손해배상청구권에 대한 소멸시효 항변을 포함한 것으로 볼 수는 없다. ( ) ▸ 2018

4 **물상보증인은** 피담보채권의 소멸에 의하여 직접 이익을 받는 관계에 있으므로 피담보채권의 소멸시효의 완성을 주장할 수 있다. ( ) ▸ 2018

5 **유치권이 성립된 부동산의 매수인**은 피담보채권의 **소멸시효 완성으로 직접 이익을 받는 자에 해당하지 않으므로** 소멸시효의 완성을 원용할 수 **없다.** ( ) ▸ 2018, 2023

6 채권의 소멸시효가 완성하면 그 **채무자의 다른 채권자**는 직접 그 완성을 **원용할 수 있다.** ( ) ▸ 2020

7 甲의 乙에 대한 채권을 담보하기 위해 저당권이 설정된 경우, **그 후순위 저당권자**는 甲의 乙에 대한 채권의 소멸시효 완성을 **독자적으로 원용할 수 있는 자이다.** ( ) ▸ 2023

8 甲의 乙에 대한 채권을 담보하기 위해 저당권이 설정된 경우, 乙의 일반채권자는 甲의 乙에 대한 채권의 소멸시효 완성을 **독자적으로 원용할 수 있는 자이다.** ( ) ▸ 2023

9 시효이익을 이미 포기한 사람과의 법률관계를 통해 시효이익을 원용할 이해관계를 형성한 사람은 소멸시효를 주장할 수 **있다.** ( ) ▸ 2017

정답 01 ○ 02 ○ 03 ○ 04 ○ 05 × 06 × 07 × 08 × 09 ×

제168조【소멸시효의 중단사유】

소멸시효는 다음 각 호의 사유로 인하여 중단된다.

1. **청**구
2. **압**류 또는 가압류, 가처분
3. **승**인

OX Check Point

1 소멸시효에는 중단이 인정되고 있으나, 제척기간에는 중단이 인정되지 않는다. ( ) ▸ 2019

2 채무자의 재산에 대한 채권자의 가압류 신청은 채권의 소멸시효 중단사유이다. ( ) ▸ 2017 변형

3 가압류에 의한 시효중단의 효력은 가압류신청을 한 때에 소급한다. ( ) ▸ 2024

4 가압류의 피보전채권에 관하여 본안의 승소판결이 확정되었다면 가압류에 의한 시효중단의 효력은 **재판상 청구에 흡수되어 소멸된다.** ( ) ▸ 2025

5 소멸시효의 중단사유로서의 승인은 소멸시효의 진행이 개시된 이후에만 가능하다. ( ) ▸ 2016, 2025

6 채무자가 변제기 도래 후에 한 채무의 승인은 채권의 소멸시효 중단사유이다. ( ) ▸ 2017 변형

7 비법인사단의 대표자가 총회결의에 따라 총유물을 매도하여 소유권이전등기를 해 주기 위해 매수인과 함께 법무사 사무실을 방문한 행위는, 소유권이전등기청구권의 소멸시효 중단의 효력이 있는 승인에 해당한다. ( ) ▸ 2015

정답 01 ○ 02 ○ 03 ○ 04 × 05 ○ 06 ○ 07 ○

제169조【시효중단의 효력】
시효의 중단은 당사자 및 그 승계인 간에만 효력이 있다.

OX Check Point

1 시효의 중단은 원칙적으로 당사자 및 그 승계인 사이에서만 효력이 있다. ( ) ▸ 2021, 2022

2 시효중단의 효력이 미치는 당사자란 중단행위에 관여한 당사자를 말한다. ( ) ▸ 2025

정답 01 ○ 02 ○

제170조【재판상의 청구와 시효중단】
① 재판상의 청구는 소송의 각하, 기각 또는 취하의 경우에는 시효중단의 효력이 없다.
② 전항의 경우에 **6개월 내에** 재판상의 청구, 파산절차 참가, 압류 또는 가압류, 가처분을 한 때에는 시효는 최초의 재판상 청구로 인하여 중단된 것으로 **본다**.

OX Check Point

1 **소멸시효를 주장하는 자**가 제기한 소에 권리자가 응소하여 적극적으로 권리를 주장하고 그것이 받아들여진 경우, 응소한 때에 소멸시효가 중단된다. ( ) ▸ 2016

2 응소행위로 인한 시효중단의 효력은 **원고가 소를 제기한 때**에 발생한다. ( ) ▸ 2024

3 **채무자**가 제기한 채무부존재확인소송에서 채권자가 피고로서 응소하여 적극적으로 권리를 주장하고 그것이 법원에 의해 받아들여진 경우, 채권의 소멸시효가 중단된다. ( ) ▸ 2015

4 물상보증인의 저당권말소등기청구의 소에 대한 채권자의 응소는 소멸시효 중단사유가 아니다. ( ) ▸ 2017 변형, 2024

5 근저당권설정등기청구의 소제기에는 그 피담보채권이 될 채권에 대한 소멸시효 중단효력은 **없다**. ( ) ▸ 2016

6 채권의 양수인이 채권양도의 대항요건을 갖추지 못한 상태에서 채무자를 상대로 재판상의 청구를 하는 것은 소멸시효 중단사유에 해당한다. ( ) ▸ 2024

7 원인채권의 지급을 확보하기 위한 방법으로 어음이 수수된 경우 원인채권에 기하여 청구한 것만으로는 어음채권의 소멸시효를 중단시키지 못한다. ( ) ▸ 2025

정답 01 ○ 02 × 03 ○ 04 ○ 05 × 06 ○ 07 ○

제171조【파산절차 참가와 시효중단】
파산절차 참가는 채권자가 이를 취소하거나 그 청구가 각하된 때에는 시효중단의 효력이 없다. ▸ 2022

OX Check Point

1 채무자의 파산절차에 대한 채권의 참가 채권의 소멸시효 중단사유이다. ( ) ▸ 2017 변형

정답 01 ○

제172조【지급명령과 시효중단】
지급명령은 채권자가 법정기간 내에 가집행신청을 하지 아니함으로 인하여 그 효력을 잃은 때에는 시효중단의 효력이 없다.

OX Check Point

1 채권자의 채무자에 대한 채권에 기한 지급명령 신청은 채권의 소멸시효 중단사유이다. ( ) ▸ 2017 변형

정답 01 ○

제173조【화해를 위한 소환, 임의출석과 시효중단】
화해를 위한 소환은 상대방이 출석하지 아니하거나 화해가 성립되지 아니한 때에는 1월 내에 소를 제기하지 아니하면 시효중단의 효력이 없다. 임의출석의 경우에 화해가 성립되지 아니한 때에도 그러하다.

제174조【최고와 시효중단】
최고는 **6월 내**에 재판상의 청구, 파산절차 참가, 화해를 위한 소환, 임의출석, 압류 또는 가압류, 가처분을 **하지 아니하면 시효중단의 효력이 없다**. ▸ 2018
⋯› 재판상 청구가 각하, 기각 또는 취하된 경우와 달리 최고의 경우에는 화해를 위한 소환, 임의출석도 포함된다는 점에서 다르다는 점에 주의를 요한다.

제175조【압류, 가압류, 가처분과 시효중단】
압류, 가압류 및 가처분은 권리자의 청구에 의하여 또는 법률의 규정에 따르지 아니함으로 인하여 취소된 때에는 시효중단의 효력이 없다.

제176조【압류, 가압류, 가처분과 시효중단】
압류, 가압류 및 가처분은 시효의 이익을 받을 자에 대하여 하지 아니한 때에는 이를 그에게 통지한 후가 아니면 시효중단의 효력이 없다.

제177조【승인과 시효중단】
시효**중단**의 효력 있는 **승인**에는 상대방의 권리에 관한 **처분의 능력이나 권한 있음을 요하지 아니한다.**

OX Check Point

1 소멸시효 중단사유로서의 채무승인은 채무가 있음을 알고 있다는 뜻의 의사표시이므로 **효과의사가 필요하다**. ( ) ▸ 2021

2 부재자재산관리인은 법원의 허가 없이 부재자를 대리하여 상대방의 채권의 소멸시효를 중단시키는 채무의 승인을 할 수 **없다**. ( ) ▸ 2022

정답 01 × 02 ×

제178조【중단 후에 시효진행】

① 시효가 중단된 때에는 중단까지에 경과한 시효기간은 이를 산입하지 아니하고 중단사유가 **종료한 때**로부터 **새로이 진행**한다.

② 재판상의 청구로 인하여 중단된 시효는 전항의 규정에 의하여 **재판이 확정된 때로부터** 새로이 진행한다.

OX Check Point

1 채무의 이행기가 도래한 후에 채무자의 요청에 의하여 채권자가 채무자에게 기한을 유예한 경우, 유예한 이행기일로부터 다시 소멸시효가 진행한다. ( ) ▸ 2016, 2022

2 재판상 청구로 인하여 중단된 시효는 **재판이 시작된 때부터** 새로 진행된다. ( ) ▸ 2015, 2024

정답 01 ○ 02 ×

제179조【제한능력자의 시효정지】

소멸시효의 기간만료 전 **6개월 내에** 제한능력자에게 법정대리인이 없는 경우에는 그가 능력자가 되거나 법정대리인이 취임한 때부터 **6개월 내**에는 시효가 완성되지 아니한다.

제180조【재산관리자에 대한 제한능력자의 권리, 부부 사이의 권리와 시효정지】

① 재산을 관리하는 아버지, 어머니 또는 후견인에 대한 제한능력자의 권리는 그가 능력자가 되거나 후임 법정대리인이 취임한 때부터 6개월 내에는 소멸시효가 완성되지 아니한다.

② 부부 중 한쪽이 다른 쪽에 대하여 가지는 권리는 혼인관계가 종료된 때부터 6개월 내에는 소멸시효가 완성되지 아니한다. ▸ 2022

제181조【상속재산에 관한 권리와 시효정지】

상속재산에 속한 권리나 상속재산에 대한 권리는 상속인의 확정, 관리인의 선임 또는 파산선고가 있는 때부터 6개월 내에는 소멸시효가 완성하지 아니한다.

제182조【천재 기타 사변과 시효정지】

천재 기타 사변으로 인하여 소멸시효를 중단할 수 없을 때에는 그 사유가 종료한 때부터 **1월 내에**는 시효가 완성하지 아니한다. ▸ 2022

OX Check Point

1 소멸시효의 정지에 관해서는 민법에 명문의 규정이 있으나, 제척기간의 정지에 관해서는 민법에 명문의 규정이 없다. ( ) ▸ 2019

2 소멸시효와 **제척기간** 모두 중단과 정지가 **인정된다**. ( ) ▸ 2015

정답 01 ○ 02 ×

제183조【종속된 권리에 대한 소멸시효의 효력】

주된 권리의 소멸시효가 완성한 때에는 종속된 권리에 그 효력이 미친다.

제184조【시효의 이익의 포기 기타】
① 소멸시효의 이익은 **미리 포기하지 못한다.** ▸ 2020
② 소멸시효는 법률행위에 의하여 이를 배제, 연장 또는 가중할 수 없으나 이를 단축 또는 경감할 수 있다. ▸ 2018

OX Check Point

1 소멸시효의 이익은 시효가 완성되기 전에 미리 포기하지 못한다. ( ) ▸ 2021

2 소멸시효의 이익은 **미리 포기가 가능**하나, 제척기간에는 포기가 인정되지 않는다. ( ) ▸ 2019

3 금전채무에 대한 시효이익의 포기는 채무 **전부**에 대하여 하여야 한다. ( ) ▸ 2020

4 소멸시효 완성 후 채무자는 시효완성의 사실을 알고 그 채무를 묵시적으로 승인함으로써 시효의 이익을 포기할 수 있다. ( ) ▸ 2021

5 채권의 시효완성 후에 채무자가 그 기한의 유예를 요청한 때에는 시효이익을 포기한 것으로 보아야 한다. ( ) ▸ 2017

6 시효완성의 이익을 받을 당사자 또는 그 대리인은 시효이익 포기의 의사표시를 할 수 있다. ( ) ▸ 2017

7 채권의 시효이익을 포기한 경우, 이는 채권자와 채무자의 관계에서만 효력이 생긴다. ( ) ▸ 2020

8 주채무자가 시효이익을 포기하더라도 보증인에게는 그 효력이 없다. ( ) ▸ 2017

9 채권의 소멸시효 완성 후 채무자가 채권자에게 그 담보를 위해 저당권을 설정해 줌으로써 소멸시효의 이익을 포기했다면 그 효력은 그 후 저당부동산을 취득한 제3자에게도 미친다. ( ) ▸ 2023

10 시효이익을 포기하면 그때부터 시효가 새로 진행한다. ( ) ▸ 2017, 2020

11 시효이익의 포기는 철회하지 못한다. ( ) ▸ 2020

12 소멸시효는 법률행위에 의하여 이를 배제하거나 연장할 수 없다. ( ) ▸ 2021

13 소멸시효는 법률행위로 단축할 수 **없다**. ( ) ▸ 2015

정답 01 ○ 02 × 03 × 04 ○ 05 ○ 06 ○ 07 ○ 08 ○ 09 ○ 10 ○ 11 ○ 12 ○ 13 ×

PART 02

물권법

Chapter 01

총칙

OX Check Point

1 특별한 사정이 없으면, 물건의 일부는 물권의 객체가 될 수 없다. ( ) ▸ 2020

2 부속건물로 등기된 창고건물은 분할등기 없이 원채인 주택과 분리하여 경매로 매각될 수 **있다**. ( ) ▸ 2024

3 적법한 분할절차를 거치지 않은 채 토지 중 일부만에 관하여 소유권보존등기를 할 수 없다. ( ) ▸ 2024, 2025

4 분필절차를 거치지 않은 1필의 토지의 일부에 대해서도 저당권을 설정할 수 **있다**. ( ) ▸ 2021

5 1필의 토지의 일부는 분필절차를 거치지 않는 한 **용익물권**의 객체가 될 수 **없다**. ( ) ▸ 2023

6 여러 개의 물건으로 이루어진 집합물은 **원칙적으로** 하나의 물건으로 인정된다. ( ) ▸ 2019

7 종류, 장소 또는 수량지정 등의 방법으로 특정할 수 있으면 수량이 변동하는 동산의 집합도 하나의 물권의 객체가 될 수 있다. ( ) ▸ 2020

8 법률상 공시방법이 인정되지 않은 유동집합물이라도 특정성이 있으면 이를 양도담보의 목적으로 할 수 있다. ( ) ▸ 2017, 2023

9 「입목에 관한 법률」에 의하여 소유권보존등기를 한 수목의 집단은 저당권의 객체가 된다. ( ) ▸ 2021

10 물권의 객체는 물권에 한정되지 않는다. ( ) ▸ 2025

정답 01 ○ 02 × 03 ○ 04 × 05 × 06 × 07 ○ 08 ○ 09 ○ 10 ○

第185조【물권의 종류】
물권은 **법률** 또는 **관습법**에 의하는 외에는 임의로 창설하지 못한다. ▸ 2017

OX Check Point

1 법률 또는 관습법이 인정하지 않는 새로운 종류의 물권 창설은 허용되지 않는다. ( ) ▸ 2019, 2025

2 물권은 **명령이나 규칙에 의해서도** 창설될 수 **있다**. ( ) ▸ 2019

3 물권법정주의에 관한 규정은 강행규정이며, 이에 위반하는 법률행위는 무효이다. ( ) ▸ 2019

4 대법원은 사인(私人)의 토지에 대한 **관습상의 통행권을 인정**하고 있다. ( ) ▸ 2019

5 온천에 관한 권리는 관습법상의 물권이 아니다. ( ) ▸ 2024

6 미등기 무허가건물의 양수인은 그 소유권이전등기를 경료하지 않더라도 그 건물에 관하여 **소유권에 준하는 관습상의 물권을 가진다**. ( ) ▸ 2018, 2019, 2021, 2023, 2025

7 미등기건물을 매수한 사람은 소유권이전등기를 갖출 때까지 그 건물의 불법점유자에게 직접 자신의 소유권에 기하여 인도를 청구하지 못한다. ( ) ▸ 2020

8 근린공원을 자유롭게 이용할 수 있다는 사정만으로는 공원이용권이라는 배타적인 권리를 취득하였다고 할 수 없다. ( ) ▸ 2025

9 물권적 청구권은 점유권과 소유권 이외의 물권에 대하여도 인정된다. ( ) ▸ 2015

10 물권적 청구권은 물권과 분리하여 양도하지 못한다. ( ) ▸ 2020

11 물권적 청구권을 보전하기 위하여 가등기를 할 수 **있다**. ( ) ▸ 2020

정답 01 ○ 02 × 03 ○ 04 × 05 ○ 06 × 07 ○ 08 ○ 09 ○ 10 ○ 11 ×

제186조【부동산물권변동의 효력】
부동산에 관한 **법률행위**로 인한 물권의 득실변경은 **등기**하여야 그 효력이 생긴다.

등기제도

OX Check Point

1 등기에 **공신력이 인정된다**. ( ) ▸ 2015

2 등기는 물권의 존속요건이 아니므로 등기가 원인 없이 말소되더라도 그 권리는 소멸하지 않는다. ( ) ▸ 2018, 2020, 2021, 2023

3 지상권 설정등기가 불법 말소된 경우 그 지상권은 **소멸한다**. ( ) ▸ 2015

4 미등기건물의 승계취득자가 원시취득자와의 합의에 따라 직접 소유권보존등기를 마친 경우, 그 등기는 실체관계에 부합하는 등기로서 유효하다. ( ) ▸ 2023

5 미등기건물의 원시취득자는 그 승계인과 합의하여 승계인 명의로 소유권보존등기를 하여 건물소유권을 이전할 수 있다. ( ) ▸ 2015, 2020

6 甲이 신축한 건물을 乙이 매수한 후, 당사자들의 합의에 따라 경료된 乙 명의의 보존등기는 유효하다. ( ) ▸ 2016

7 소유자로부터 토지를 적법하게 매수한 매수인의 소유권이전등기가 위조된 서류에 의하여 경료되었더라도 그 등기는 유효하다. ( ) ▸ 2018

8 공유자 중 1인이 다른 공유자의 동의 없이 그 공유 토지의 특정부분을 매도하여 타인명의로 소유권이전등기를 마친 경우, 그 매도부분 토지에 관한 소유권이전등기는 처분공유자의 공유지분 범위 내에서는 유효한 등기이다. ( ) ▸ 2018

정답 01 × 02 ○ 03 × 04 ○ 05 ○ 06 ○ 07 ○ 08 ○

이중보존등기

OX Check Point

1 동일인 명의로 보존등기가 중복된 경우 후등기가 무효이다. ( ) ▸ 2015

2 명의자를 달리하는 중복보존등기가 부동산을 표상함에 부족함이 없는 경우, 선행등기가 원인무효가 아닌 한 후행등기는 실체적 권리관계에 부합하더라도 무효이다. ( ) ▸ 2018, 2022, 2023

3 무효인 중복등기에 바탕을 둔 등기부취득시효는 인정되지 않는다. ( ) ▸ 2016

정답 01 ○ 02 ○ 03 ○

무효등기의 유용

OX Check Point

1 무효등기의 유용에 관한 합의 내지 추인은 묵시적으로도 이루어질 수 있다. ( ) ▸ 2019

2 멸실된 건물의 보존등기를 신축한 건물의 보존등기로 유용하는 것은 허용되지 않는다. ( ) ▸ 2015, 2018, 2019, 2021, 2023

3 유용할 수 있는 등기에는 가등기도 포함된다. ( ) ▸ 2019

4 무효등기를 유용하는 합의는 그 합의 전에 등기상의 이해관계 있는 제3자가 없는 경우에는 유효하다. ( ) ▸ 2016, 2019, 2023

5 무효인 등기를 유용하기로 한 약정을 하더라도, 무효의 등기가 있은 때로 소급하여 유효한 등기로 전환될 수 없다. ( ) ▸ 2019

정답 01 ○ 02 ○ 03 ○ 04 ○ 05 ○

가등기

OX Check Point

1 소유권이전청구권 보전을 위한 가등기가 있다고 하여 소유권이전등기를 청구할 수 있는 법률관계가 존재한다고 추정되는 것은 아니다. ( ) ▸ 2016, 2017, 2021, 2025

2 **저당권설정등기청구권**을 보전하기 위한 가등기는 인정되지 **않는다**. ( ) ▸ 2016

3 가등기가 그 등기명의인의 의사에 기하지 아니하고 위조된 서류에 의하여 부적법하게 말소된 사실이 인정되는 경우, 그 가등기는 여전히 적법하게 이루어진 것으로 추정된다. ( ) ▸ 2019

4 가등기가 부적법하게 말소된 후 소유권이전등기를 마친 제3자는 가등기의 회복등기절차에서 승낙의무가 있다. ( ) ▸ 2016

5 가등기된 권리의 이전등기는 가등기에 대한 부기등기의 형식으로는 경료할 수 있다. ( ) ▸ 2016, 2018, 2020 사례, 2022

6 가등기에 기한 본등기청구권과 소유권이전등기청구권은 그 등기원인이 동일하다고 하더라도 서로 다른 청구권으로 보아야 한다. ( ) ▸ 2016, 2020 사례

7 가등기권리자가 가등기에 기한 소유권이전의 본등기를 한 경우에는 등기공무원은 그 가등기 후에 한 제3자 명의의 소유권이전등기를 직권으로 말소하여야 한다. ( ) ▸ 2021

8 청구권보전을 위한 가등기에 기하여 본등기가 경료되면 본등기에 의한 물권변동의 효력은 가등기한 때로 **소급하여 발생한다**. ( ) ▸ 2022

정답 01 ○ 02 × 03 ○ 04 ○ 05 ○ 06 ○ 07 ○ 08 ×

중간생략등기문제

OX Check Point

중간생략등기청구권

1 중간생략등기의 합의는 순차적 또는 묵시적으로 할 수 있다. ( ) ▸ 2015

2 관계당사자 전원의 의사합치가 없어도 중간자의 동의가 있다면 최종매수인은 최초매도인을 상대로 직접 중간생략등기를 청구할 수 **있다**. ( ) ▸ 2015, 2016

3 중간생략등기의 합의가 있더라도 최초매도인과 최종매수인 사이에 매매계약이 체결되었다고 볼 수는 없다. ( ) ▸ 2015

4 중간생략등기의 합의가 있다고 하여 최초매도인이 매매계약상 상대방에 대하여 가지는 대금청구권의 행사가 제한되는 것은 아니다. ( ) ▸ 2015, 2016

5 매도인 甲, 중간매수인 乙, 최후매수인 丙이 甲으로부터 丙으로 이전등기를 해주기로 전원 합의한 경우, 乙이 대금을 지급하지 않더라도 甲은 丙에게 소유권이전등기를 **해주어야 한다**. ( ) ▸ 2016

6 甲, 乙, 丙 사이에 중간생략등기에 관한 합의가 있다면, 甲의 乙에 대한 소유권이전등기의무는 **소멸한다**. ( ) ▸ 2021

7 甲, 乙, 丙 사이에 중간생략등기에 관한 합의가 있은 후 甲·乙 간의 특약으로 매매대금을 인상한 경우, 甲은 인상된 매매대금의 미지급을 이유로 丙에 대한 소유권이전등기의무의 이행을 거절할 수 있다. ( ) ▸ 2021

중간생략등기

8 甲, 乙, 丙 사이에 중간생략등기에 관한 합의가 없다면, 중간생략등기가 이루어져서 실체관계에 부합하더라도 그 등기는 **무효**이다. ( ) ▸ 2021

9 중간생략등기가 당사자 사이에 적법한 등기원인에 기하여 이미 경료되었다면, 중간생략등기의 합의가 없었음을 들어 그 등기의 말소를 구할 수는 없다. ( ) ▸ 2015

10 토지거래허가구역 내 토지가 甲에서 乙, 乙에서 丙으로 매도되고 중간생략등기의 합의가 있더라도, 丙이 자신과 甲을 매매 당사자로 하는 토지거래허가를 받아 丙 앞으로 경료된 소유권이전등기는 무효이다. ( ) ▸ 2016, 2023, 2025

정답 01 ○ 02 × 03 ○ 04 ○ 05 × 06 × 07 ○ 08 × 09 ○ 10 ○

OX Check Point

등기의 추정력

1 「민법」에서는 등기의 추정력에 관한 규정을 두고 있지 않다. ( ) ▸ 2016

2 토지등기부의 **표제부는** 등기부상 면적의 존재가 **추정된다**. ( ) ▸ 2024

3 소유권이전등기는 등기원인과 절차가 적법하게 마쳐진 것으로 추정된다. ( ) ▸ 2017

4 저당권등기의 의하여 피담보채권의 존재가 추정된다. ( ) ▸ 2024

5 지분이전등기가 경료된 경우 그 등기는 적법하게 된 것으로서 진실한 권리상태를 공시하는 것이라고 추정된다. ( ) ▸ 2018

6 미성년자가 그 소유의 부동산을 그의 친권자에게 증여하고 소유권이전등기를 마친 경우, 다른 사정이 없으면 적법한 절차를 거친 등기로 추정된다. ( ) ▸ 2020

7 대리인에 의한 소유권이전등기에 의하여 적법한 대리행위의 존재가 추정된다. ( ) ▸ 2024

8 등기가 원인 없이 말소된 경우, 그 **회복등기가 마쳐지기 전이라면 말소된 등기의 등기명의인은** 적법한 권리자로 추정되지 **않는다**. ( ) ▸ 2016, 2022, 2024, 2025

9 소유권**이전등기** 명의자는 제3자뿐만 아니라 전(前)소유자에 대해서도 적법한 등기원인에 의하여 소유권을 취득한 것으로 추정된다. ( ) ▸ 2016, 2017, 2020, 2021, 2025

10 매매를 원인으로 하여 甲에서 乙 앞으로 마쳐진 소유권이전등기에 대해 甲이 매매의 부존재를 이유로 그 말소를 청구하는 경우, 乙은 등기의 추정력을 주장할 수 **없다**. ( ) ▸ 2015

11 **허무인(虛無人)**으로부터 이어받은 소유권이전등기의 경우에도 그 등기명의자의 소유권은 **추정된다**. ( ) ▸ 2016, 2019

12 소유권이전등기의 원인으로 주장된 계약서가 진정하지 않은 것으로 증명된 경우에 그 등기의 적법추정은 복멸되는 것이고, 계속 다른 적법한 등기원인이 있을 것으로 추정할 수는 없다. ( ) ▸ 2018, 2019, 2022

13 증여에 의하여 부동산을 취득하였지만 등기원인을 매매로 기재하였더라도 그 등기는 유효하다. ( ) ▸ 2016, 2020

14 신축된 건물의 소유권**보존등기** 명의자는 실제로 **그 건물을 신축한 자가 아니더라도 적법한 권리자로 추정된다**. ( ) ▸ 2016, 2017, 2025

정답 01 ○ 02 × 03 ○ 04 ○ 05 ○ 06 ○ 07 ○ 08 × 09 ○ 10 × 11 × 12 ○ 13 ○ 14 ×

제187조【등기를 요하지 아니하는 부동산물권 취득】
상속, **공**용징수, **판**결, **경**매, **기**타 법률의 규정에 의한 부동산에 관한 물권의 취득은 **등기를 요하지 아니한다**. 그러나 등기를 하지 아니하면 이를 처분하지 못한다.

OX Check Point

1 상속에 의한 물권변동은 피상속인의 사망 시에 발생한다. ( ) ▸ 2018, 2019 변형

2 공용징수에 의한 부동산 소유권의 취득에는 등기를 요하지 않는다. ( ) ▸ 2015

3 공익사업에 필요한 토지에 관하여 토지소유자와 관계인 사이의 협의에 의한 토지소유권의 취득는 **등기를 마치지 않더라도** 물권변동의 효력이 발생한다. ( ) ▸ 2023

4 공유토지의 현물분할에 관한 조정조서의 작성에 따른 공유관계의 소멸은 **등기를 마치지 않더라도** 물권변동의 효력이 발생한다. ( ) ▸ 2023, 2025

5 부동산소유권을 **확인하는 판결**에 의해서도 **등기 없이** 그 부동산의 소유권을 **취득한다**. ( ) ∵ 형성판결만 ▸ 2018

6 甲이 매매를 원인으로 하는 소유권이전등기소송에서 승소의 확정판결을 얻었더라도 이전등기 전에는 소유권을 취득하지 못한다. ( ) ▸ 2015, 2023

7 화해조서에 의하여 부동산 소유권을 취득하는 경우 **등기 없이** 그 부동산의 소유권을 **취득한다**. ( ) ▸ 2025

8 공경매에 있어서 부동산 물권변동의 시기는 매각허가결정이 확정된 후 매수인이 매각대금을 완납한 때이다. ( ) ▸ 2018

9 법정저당권은 저당권설정등기 없이 성립한다. ( ) ▸ 2018

10 피담보채권의 시효소멸에 따른 저당권의 소멸은 등기를 마치지 않더라도 물권변동의 효력이 발생한다. ( ) ▸ 2023

11 자기의 비용과 노력으로 건물을 신축한 건축주는 건물의 소유권을 등기 없이 취득한다. ( ) ▸ 2016. 2018, 2019 변형

12 부동산 매매계약이 해제되어 소유권이 매도인에게 복귀하는 경우 등기를 마치지 않더라도 물권변동의 효력이 발생한다. ( ) ▸ 2025

정답 01 ○ 02 ○ 03 × 04 × 05 × 06 ○ 07 × 08 ○ 09 ○ 10 ○ 11 ○ 12 ○

제188조【동산물권양도의 효력, 간이인도】

① **동산**에 관한 **물권의 양도**는 그 동산을 **인도하여야** 효력이 생긴다.

② 양수인이 이미 그 동산을 점유한 때에는 당사자의 의사표시만으로 그 효력이 생긴다.

제189조【점유개정】

동산에 관한 물권을 양도하는 경우에 당사자의 계약으로 양도인이 그 동산의 점유를 계속하는 때에는 양수인이 인도받은 것으로 **본다**.

제190조【목적물반환청구권의 양도】

제3자가 점유하고 있는 동산에 관한 물권을 양도하는 경우에는 양도인이 그 제3자에 대한 반환청구권을 양수인에게 양도함으로써 동산을 인도한 것으로 **본다**.

제191조【혼동으로 인한 물권의 소멸】

① 동일한 물건에 대한 **소유권**과 **다른 물권**이 동일한 사람에게 귀속한 때에는 **다른 물권은 소멸**한다. 그러나 그 물권이 제3자의 권리의 목적이 된 때에는 소멸하지 아니한다.

② 전항의 규정은 소유권 이외의 물권과 그를 목적으로 하는 다른 권리가 동일한 사람에게 귀속한 경우에 준용한다.

③ **점유권**에 관하여는 전2항의 규정을 **적용하지 아니한다**.

OX Check Point

1 점유권과 본권이 동일인에게 귀속하더라도 점유권은 소멸하지 않는다. ( )
▸ 2019, 2024

2 甲의 건물에 乙이 1번 저당권, 丙이 2번 저당권을 취득한 후 丙이 건물 소유권을 취득하는 경우 丙의 저당권은 혼동으로 소멸한다. ( ) ▸ 2015 변형

3 甲의 토지에 乙이 1번 저당권, 丙이 2번 저당권을 취득한 후 乙이 토지 소유권을 취득하는 경우 乙의 저당권은 혼동으로 소멸하지 않는다. ( ) ▸ 2015 변형

4 지상권에 저당권을 설정해 준 지상권자가 지상권의 목적인 토지를 매수한 때에는 지상권이 혼동으로 소멸하지 않는다. ( ) ▸ 2025

5 근저당권자가 그 저당물의 소유권을 취득하면 그 근저당권은 원칙적으로 혼동에 의하여 소멸하지만, 그 뒤 그 소유권 취득이 무효인 것이 밝혀지면 소멸하였던 근저당권은 당연히 부활한다. ( ) ▸ 2015 변형, 2019

정답 01 ○ 02 ○ 03 ○ 04 ○ 05 ○

Chapter

02 점유권

제192조【점유권의 취득과 소멸】

① 물건을 사실상 지배하는 자는 점유권이 있다.

② 점유자가 물건에 대한 사실상의 지배를 상실한 때에는 점유권이 소멸한다. 그러나 제204조의 규정에 의하여 점유를 회수한 때에는 그러하지 아니하다.

OX Check Point

1 점유는 사실상 지배로 성립한다. ( ) ▸ 2020

2 물건을 사실상 지배한다는 것은 물건을 물리적, 현실적으로 지배하는 것만을 의미하는 것은 아니다. ( ) ▸ 2025

3 공터로 형성되어 공중의 이용에 제공되고 있었던 토지 부분을 공로로 나가는 통로로 사용한 것에 불과하다면 그 사용자가 이를 점유하였다고 볼 수 없다. ( ) ▸ 2025

4 다른 사정이 없으면, 건물의 소유자가 그 부지를 점유하는 것으로 보아야 한다. ( ) ▸ 2020

5 건물의 소유자가 그 건물을 현실적으로 점거하지 아니한 경우 그는 건물의 부지가 된 토지를 점유하고 있다고 볼 수 **없다**. ( ) ▸ 2025

6 건물의 유치권자는 그 건물을 점유하는 경우에도 그 건물의 부지 부분을 점유하였다고 볼 수는 없다. ( ) ▸ 2025

7 미등기건물을 양수하여 건물에 관한 사실상의 처분권을 보유한 양수인은 그 건물부지의 점유자이다. ( ) ▸ 2021, 2022

8 건물 공유자 중 일부만이 당해 건물을 점유하고 있는 경우, 그 건물의 부지는 건물 공유자 전원이 공동으로 점유하는 것으로 볼 수 있다. ( ) ▸ 2022, 2025

정답 01 ○ 02 ○ 03 ○ 04 ○ 05 × 06 ○ 07 ○ 08 ○

제193조【상속으로 인한 점유권의 이전】
점유권은 상속인에 이전한다.

제194조【간접점유】
지상권, 전세권, 질권, 사용대차, 임대차, 임치 기타의 관계로 **타인으로 하여금 물건을 점유하게 한 자는 간접으로 점유권**이 있다.

OX Check Point

1 전세권자에게 주택을 인도한 전세권설정자는 간접점유자이다. ( ) ▸ 2019 변형

2 임치관계로 타인으로 하여금 물건을 점유하게 한 자는 간접으로 점유권이 있다. ( ) ▸ 2018, 2025

3 간접점유의 요건이 되는 점유매개관계는 법률행위가 아닌 **법령의 규정에 의해서는 설정될 수 없다**. ( ) ▸ 2021

4 점유매개자의 점유는 **자주점유**이다. ( ) ▸ 2020, 2023
∵ 타주점유

정답 01 ○ 02 ○ 03 × 04 ×

제195조【점유보조자】
가사상, 영업상, 기타 유사한 관계에 의하여 **타인의 지시를 받아** 물건에 대한 **사실상의 지배를 하는 때**에는 **그 타인만**을 **점유자로 한다.**

OX Check Point

1 점유보조자에게는 점유보호청구권이 인정되지 않는다. ( ) ▸ 2017

2 점유보조자에게는 점유물방해제거청구권이 인정되지 않는다. ( ) ▸ 2018

정답 01 ○ 02 ○

제196조【점유권의 양도】
① 점유권의 양도는 점유물의 인도로 그 효력이 생긴다.
② 전항의 점유권의 양도에는 제188조 제2항, 제189조, 제190조의 규정을 준용한다.

제197조【점유의 태양】
① 점유자는 소유의 의사(**자**주)로 **선**의, **평**온 및 **공**연하게 점유한 것으로 **추정**한다. ▸ 2018
② 선의의 점유자라도 본권에 관한 소에 패소한 때에는 그 **소**가 **제기된 때**로부터 **악의**의 점유자로 **본다**. ▸ 2018

OX Check Point

1 점유자는 소유의 의사로 점유한 것으로 추정한다. ( ) ▸ 2020

2 자주점유의 판단기준인 소유의 의사 유무는 점유취득의 원인이 된 **권원의 성질**이 아니라 점유자의 내심의 의사에 따라 **결정**된다. ( ) ▸ 2023

3 임차인이 임차한 토지에 자기 소유의 건물을 신축하였다면 임차인이 임대인에게 토지에 대한 **소유의 의사를 표시**한 것으로 볼 수 **있다**. ( ) ▸ 2025

4 임대차 기간이 만료된 후에도 다른 협의 없이 임차물를 반환하지 않고 점유·사용하고 있는 임차인의 점유는 타주점유이다. ( ) ▸ 2025

5 타인소유의 토지를 자기소유 토지의 일부로 알고 이를 점유하게 된 자가 **나중에 그러한 사정을 알게 되었다면** 그 점유는 그 사정만으로 **타주점유로 전환된다**. ( ) ▸ 2017

6 토지매도인의 매도 후의 점유는 특별한 사정이 없는 한 타주점유로 된다. ( ) ▸ 2017

7 부동산의 매매 당시에는 그 무효를 알지 못하였으나 이후 매매가 무효임이 밝혀지더라도 특별한 사정이 없는 한, 매수인의 점유는 여전히 자주점유이다. ( ) ▸ 2023

8 제3자가 토지를 경락받아 대금을 납부한 후에는 종래 소유자의 그 토지에 대한 점유는 특별한 사정이 없는 한 타주점유가 된다. ( ) ▸ 2017

9 양자간 등기명의신탁에 있어서 부동산 명의수탁자의 상속인에 의한 점유는 특별한 사정이 없는 한, 자주점유에 해당하지 않는다. ( ) ▸ 2023

10 공유토지 전부를 공유자 1인이 점유하고 있는 경우, 특별한 사정이 없는 한 다른 공유자의 지분비율 범위에 대해서는 타주점유에 해당한다. ( ) ▸ 2023

11 선의의 점유자라도 본권에 관한 소에 패소한 때에는 **그 판결이 확정된 때로부터** 악의의 점유자로 본다. ( ) ▸ 2018, 2022

12 **토지점유자**가 등기명의자를 상대로 매매를 원인으로 **소유권이전등기를 청구**하였다가 패소 확정된 경우, 그 사정만으로 타주점유로 전환되는 것은 아니다. ( ) ▸ 2017

13 **소유자**가 점유자를 상대로 적극적으로 **소유권을 주장하여 승소**한 경우, 점유자의 토지에 대한 점유는 패소판결 확정 후부터는 타주점유로 전환된다. ( ) ▸ 2017, 2022

정답 01 ○ 02 × 03 × 04 ○ 05 × 06 ○ 07 ○ 08 ○ 09 ○ 10 ○ 11 × 12 ○ 13 ○

제198조【점유계속의 추정】
전후 양시에 점유한 사실이 있는 때에는 그 점유는 계속한 것으로 추정한다.

OX Check Point

1 임대차 기간이 만료된 후에도 다른 협의 없이 계속 점유·사용하고 있는 임차인은 임대인으로부터 인도받은 시점부터 현재까지 계속하여 점유한 것으로 추정된다. ( ) ▸ 2025

정답 01 ○

제199조【점유의 승계의 주장과 그 효과】
① 점유자의 승계인은 자기의 점유만을 주장하거나 자기의 점유와 전점유자의 점유를 아울러 주장할 수 있다.
② 전점유자의 점유를 아울러 주장하는 경우에는 **그 하자도 승계**한다.

OX Check Point

1 상속에 의하여 점유권을 취득한 상속인은 새로운 권원에 의하여 자기 고유의 점유를 개시하지 않는 한 피상속인의 점유를 떠나 자기만의 점유를 주장할 수 없다. ( ) ▸ 2021

2 승계취득자가 전점유자의 점유를 아울러 주장하는 경우에는 그 점유의 하자도 승계한다. ( ) ▸ 2018

3 점유자가 전(前)점유자의 점유를 아울러 주장할 때에는 그 점유의 개시시기를 어느 점유자의 점유기간 중 **임의의 시점으로 선택할 수 있다.** ( ) ▸ 2020

정답 01 ○ 02 ○ 03 ×

제200조【권리의 적법의 추정】
점유자가 점유물에 대하여 행사하는 **권리는 적법하게 보유**한 것으로 **추정**한다. ▸ 2019

OX Check Point

1 점유자의 권리적법추정 규정(민법 제200조)은 특별한 사정이 없는 한 등기된 부동산에도 **적용된다.** ( ) ▸ 2022

정답 01 ×

제201조【점유자와 과실】
① **선의**의 점유자는 점유물의 **과실을 취득**한다.
→ 여기서의 과실은 사용이익을 포함한다(판례).
② 악의의 점유자는 수취한 과실을 반환하여야 하며 소비하였거나 과실로 인하여 훼손 또는 수취하지 못한 경우에는 그 과실의 대가를 보상하여야 한다.
③ 전항의 규정은 폭력 또는 은비에 의한 점유자에 준용한다.

OX Check Point

1 과실의 수취에 관하여 점유자의 선·악의는 과실이 원물에서 분리되는 때를 기준으로 판단한다. ( ) ▸ 2020

2 과실을 수취한 자가 선의의 점유자로 보호되기 위해서는 과실수취권을 포함하는 권원이 있다고 오신할만한 정당한 근거가 있어야 한다. ( ) ▸ 2015, 2019, 2023

3 지상권자는 선의점유자라도 자주점유자가 아니므로 **과실수취권이 인정되지 아니한다.** ( ) ▸ 2024

4 선의의 점유자가 과실을 취득한 범위에서는 그 이득을 반환할 의무가 없다. ( ) ▸ 2017

5 선의의 점유자가 취득하는 과실에 점유물의 **사용이익은 포함되지 않는다.** ( ) ▸ 2021

6 선의의 점유자라도 점유물의 사용으로 인한 이익은 회복자에게 **반환하여야 한다.** ( ) ▸ 2023

7 선의의 점유자는 비록 법률상 원인 없이 타인의 건물을 점유·사용하더라도 그로 인한 이득을 반환할 의무가 없다. ( ) ▸ 2015, 2016, 2018

8 매도인은 매매계약의 이행으로 토지를 인도받았으나 소유권이전등기를 하지 않고 점유·사용하는 매수인에게 부당이득의 반환을 청구할 수 **있다.** ( ) ▸ 2020

9 선의의 점유자가 본권에 관한 소에서 패소한 경우, **제소 후 판결확정 전에 취득한 과실**은 반환할 의무가 **없다.** ( ) ▸ 2016
∵ 제197조 제1항에 따라 악의의 점유이므로

10 타인 소유물을 권원 없이 점유함으로써 얻은 사용이익을 반환하는 경우, 악의의 점유자는 사용이익뿐만 아니라 그 이자도 반환해야 한다. ( ) ▸ 2015

11 악의의 점유자가 과실을 소비한 경우에는 그 과실의 대가를 보상하여야 한다. ( ) ▸ 2016, 2020

12 악의의 점유자는 **과실(過失) 없이** 과실(果實)을 수취하지 못한 경우에도 **그 대가를 보상하여야 한다**. ( ) ▸ 2024

13 폭력 또는 은비에 의한 점유자는 수취한 과실을 반환하여야 한다. ( ) ▸ 2019

정답 01 ○ 02 ○ 03 × 04 ○ 05 × 06 × 07 ○ 08 × 09 × 10 ○ 11 ○ 12 × 13 ○

제202조【점유자의 회복자에 대한 책임】

점유물이 점유자의 책임 있는 사유로 인하여 멸실 또는 훼손된 때에는 **악의의 점유자**는 그 **손해의 전부를 배상**하여야 하며 **선의의 점유자는 이익이 현존하는 한도**에서 배상하여야 한다. **소유의 의사가 없는 점유자**는 선의인 경우에도 **손해의 전부**를 배상하여야 한다.

OX Check Point

1 점유물이 점유자의 책임 있는 사유로 인하여 멸실 또는 훼손한 때에는 **선의의 자주점유자**라도 그 손해의 **전부**를 배상하여야 한다. ( ) ▸ 2016, 2019

2 점유물이 점유자의 책임 있는 사유로 멸실된 경우, **선의의 타주점유자는 이익이 현존하는 한도에서** 배상하여야 한다. ( ) ▸ 2015, 2020, 2021, 2023, 2024

3 점유물이 점유자의 책임 있는 사유로 멸실 또는 훼손된 경우, 악의의 점유자는 자주점유라도 손해 전부를 배상할 책임이 있다. ( ) ▸ 2017

정답 01 × 02 × 03 ○

제203조【점유자의 상환청구권】

① 점유자가 점유물을 반환할 때에는 회복자에 대하여 점유물을 보존하기 위하여 지출한 금액 기타 필요비의 상환을 청구할 수 있다. 그러나 점유자가 **과실을 취득한 경우**에는 **통상의 필요비**는 **청구하지 못한다**.

② 점유자가 점유물을 개량하기 위하여 지출한 금액 기타 유익비에 관하여는 그 가액의 증가가 현존한 경우에 한하여 **회복자의 선택**에 좇아 그 지출금액이나 증가액의 상환을 청구할 수 있다.

③ 전항의 경우에 법원은 회복자의 청구에 의하여 상당한 상환기간을 허여할 수 있다.

OX Check Point

1 유효한 도급계약에 기하여 수급인이 도급인으로부터 제3자 소유 물건을 이전받아 수리를 마친 경우, 원칙적으로 수급인은 **소유자**에 대하여 비용상환청구권을 행사할 수 **있다**. ( ) ▸ 2017

2 임차인이 지출한 유익비는 임대인이 아닌 점유회복자에 대해서도 민법 제203조 제2항에 근거하여 상환을 청구할 수 **있다**. ( ) ▸ 2023

3 타주점유자가 점유물을 반환하는 경우, 점유자는 특별한 사정이 없는 한 회복자에 대하여 점유물을 보존하기 위하여 지출한 금액의 상환을 청구할 수 있다. ( ) ▸ 2024

4 점유자가 과실을 취득한 경우에는 통상의 필요비는 청구하지 못한다. ( ) ▸ 2015, 2016, 2017

5 과실을 취득한 점유자는 그가 지출한 비용 **전부**를 청구할 수 **있다**. ( ) ▸ 2020

6 악의의 점유자도 원칙적으로 필요비 전부의 상환을 청구할 수 있다. ( ) ▸ 2017, 2019

7 점유자가 점유물에 유익비를 지출한 경우, 특별한 사정이 없는 한 점유자는 회복자에 대하여 그 가액의 증가가 현존한 경우에 한하여 **점유자**의 선택에 좇아 그 지출금액이나 증가액의 상환을 청구할 수 있다. ( ) ▸ 2024

8 회복자로부터 점유물의 반환을 청구 받은 점유자는 유익비의 상환을 청구할 수 있다. ( ) ▸ 2021

9 점유물의 소유자가 변경된 경우, 점유자는 **유익비 지출 당시의 전 소유자에게** 비용의 상환을 **청구해야 한다**. ( ) ∵ 점유 회복 당시의 소유자에게 ▸ 2021

정답 01 × 02 × 03 ○ 04 ○ 05 × 06 ○ 07 × 08 ○ 09 ×

제204조【점유의 회수】 ▸ 2015 사례

① 점유자가 점유의 **침탈을 당한 때**에는 그 물건의 반환 및 손해의 배상을 청구할 수 있다. ▸ 2019

② 전항의 청구권은 침탈자의 **특별승계인에 대하여는 행사하지 못한다**. 그러나 승계인이 **악의인** 때에는 그러하지 아니하다.

③ 제1항의 청구권은 침탈을 당한 날부터 **1년 내**에 행사하여야 한다. ▸ 2017

OX Check Point

1 **사기**에 의한 의사표시에 의해 물건을 인도해 준 경우 점유의 **침탈이 인정된다**. (　) ▸ 2025

2 사기의 의사표시에 의해 건물을 명도해 준 자는 점유회수의 소권을 행사할 수 없다. (　) ▸ 2021

3 점유자가 점유의 침탈을 당한 경우, 침탈자의 특별승계인이 악의인 때에도 그 특별승계인에게 점유물반환청구권을 행사할 수 **없다**. (　) ▸ 2018, 2025

4 점유물반환청구권은 점유의 침탈을 당한 날로부터 **3년 내에** 행사하여야 한다. (　) ▸ 2019

5 점유회수청구권을 행사할 수 있는 기간은 그 기간 내에 소를 제기해야 하는 기간으로 해석된다. (　) ▸ 2025

정답 01 × 02 ○ 03 × 04 × 05 ○

제205조【점유의 보유】
① 점유자가 점유의 방해를 받은 때에는 그 **방해의 제거 및 손해의 배상**을 청구할 수 있다.
② 전항의 청구권은 방해가 종료한 날부터 **1년 내**에 행사하여야 한다.
③ 공사로 인하여 점유의 방해를 받은 경우에는 공사착수 후 1년을 경과하거나 그 공사가 완성한 때에는 방해의 제거를 청구하지 못한다. ▸ 2018

OX Check Point

1 점유가 점유침탈 이외의 방법으로 침해되고 있는 경우에 점유자는 그 방해의 제거 및 손해의 배상을 청구할 수 있다. ( ) ▸ 2019

2 민법 제205조 제2항이 정한 점유물방해제거청구권의 행사를 위한 '1년의 제척기간'은 출소기간이다. ( ) ▸ 2018, 2022

정답 01 ○ 02 ○

제206조【점유의 보전】
① 점유자가 점유의 방해를 받을 염려가 있는 때에는 그 방해의 예방 **또는** 손해배상의 담보를 청구할 수 있다.
② 공사로 인하여 점유의 방해를 받을 염려가 있는 경우에는 전조 제3항의 규정을 준용한다.

제207조【간접점유의 보호】

① 전3조의 청구권은 제194조의 규정에 의한 간접점유자도 이를 행사할 수 있다.

② **점유자**가 점유의 **침탈을 당한 경우**에 **간접점유자**는 그 물건을 **점유자에게** 반환할 것을 청구할 수 있고 점유자가 그 물건의 반환을 받을 수 없거나 이를 원하지 아니하는 때에는 **자기에게** 반환할 것을 청구할 수 있다.

OX Check Point

1 점유매개관계가 소멸하면 간접점유자는 직접점유자에게 점유물의 반환을 청구할 수 있다. ( ) ▸ 2020

2 간접점유자는 제3자의 점유침해에 대하여 물권적 청구권을 행사할 수 있다. ( ) ▸ 2017, 2022

3 간접점유자는 직접점유자가 점유의 침탈을 당한 때에는 그 물건의 반환을 청구할 수 **없다**. ( ) ▸ 2015

4 직접점유자가 임의로 점유를 타인에게 이전한 경우, 그 점유이전이 간접점유자의 의사에 반하더라도 간접점유자의 점유가 침탈된 경우에 해당하지 않는다. ( ) ▸ 2018, 2022, 2025

5 임대차목적물 침해자에 대하여 임차인은 점유보호청구권을 행사할 수 있으나, 소유자인 **임대인**은 점유보호청구권을 행사할 수 **없다**. ( ) ▸ 2019

6 간접점유자가 점유회수청구권을 행사하는 경우 **먼저 자기에게** 반환할 것을 청구해야 한다. ( ) ▸ 2015

정답 01 ○ 02 ○ 03 × 04 ○ 05 × 06 ×

제208조【점유의 소와 본권의 소와의 관계】

① 점유권에 기인한 소와 본권에 기인한 소는 서로 영향을 미치지 아니한다.

▸ 2019

② 점유권에 기인한 소는 본권에 관한 이유로 재판하지 못한다.

제209조【자력구제】

① 점유자는 그 점유를 부정히 침탈 또는 방해하는 행위에 대하여 자력으로써 이를 방위할 수 있다.

② 점유물이 침탈되었을 경우에 부동산일 때에는 점유자는 침탈 후 직시 가해자를 배제하여 이를 탈환할 수 있고 동산일 때에는 점유자는 현장에서 또는 추적하여 가해자로부터 이를 탈환할 수 있다.

제210조【준점유】

본장의 규정은 재산권을 사실상 행사하는 경우에 준용한다.

Chapter

03 소유권

제1절 소유권의 한계

제211조【소유권의 내용】
소유자는 **법률의 범위 내**에서 그 소유물을 **사용, 수익, 처분할 권리**가 있다.

OX Check Point

1 소유자가 소유권을 보유한 채 사용·수익권을 대세적·영구적으로 포기하는 것은 허용되지 않는다. ( ) ▸ 2024

2 소유자 甲이 그 소유 X토지에 대한 배타적 사용·수익권을 포기하고 타인(사인, 국가 등 일반 공중)의 통행을 위한 용도로 제공한 경우, 甲은 그 타인에 대하여 X의 인도청구를 할 수 없다. ( ) ▸ 2024

3 소유자 甲이 그 소유 X토지에 대한 배타적 사용·수익권을 포기하고 일반 공중의 통행을 위한 용도로 제공한 경우, 甲은 일반 공중의 통행을 방해하지 않는 범위에서 X를 처분할 수 있다. ( ) ▸ 2024

4 소유자가 그 소유 X토지에 대한 배타적 사용·수익권을 포기하고 일반 공중의 통행을 위한 용도로 제공한 경우, 甲의 상속인의 X에 대한 배타적 사용·수익권도 제한된다. ( ) ▸ 2024

5 소유자 甲이 X토지를 일반 공중의 통행목적이 아니라 지상건물의 소유자만을 위하여 배타적 사용·수익권을 포기한 경우, 특별한 사정이 없는 한 **X의 매수인의 배타적 사용·수익권 행사는 제한된다**. ( ) ▸ 2024

정답 01 ○ 02 ○ 03 ○ 04 ○ 05 ×

제212조【토지소유권의 범위】

토지의 소유권은 **정당한 이익 있는 범위 내**에서 **토지의 상하**에 미친다. ▸ 2018

OX Check Point

1 토지 1필지의 공간적 범위를 특정하는 것은 지적도나 임야도의 경계이지 등기부의 표제부나 임야대장·토지대장에 등재된 면적이 아니다. ( ) ▸ 2018, 2020

2 토지등기부의 표제부에 토지의 면적이 실제와 다르게 등재되어 있으면, 이러한 등기는 해당 토지를 표상하는 **등기로서 효력이 없다**. ( ) ▸ 2018

3 기술적인 착오 없이 작성된 지적도에서의 경계가 현실의 경계와 다르다면, 토지소유권의 범위는 **원칙적으로 현실의 경계를 기준으로 확정하여야 한다**. ( ) ▸ 2023

4 명인방법을 갖춘 수목의 집단은 토지의 구성부분이 아니다. ( ) ▸ 2018

5 토지가 해면 아래에 잠김으로써 포락될 당시를 기준으로 원상복구가 불가능한 상태에 이르면 종전의 소유권은 영구히 소멸된다. ( ) ▸ 2018, 2020

정답 01 ○ 02 × 03 × 04 ○ 05 ○

제213조【소유물반환청구권】

소유자는 그 소유에 속한 물건을 **점유한 자에 대하여** 반환을 청구할 수 있다. 그러나 점유자가 그 물건을 점유할 권리가 있는 때에는 반환을 거부할 수 있다.

OX Check Point

1 소유권에 기한 물권적 청구권은 소멸시효에 걸리지 않는다(대상이 되지 않는다). ( ) ▸ 2015, 2017, 2018

2 부동산 매매계약이 합의해제 되면 매수인에게 이전되었던 소유권은 당연히 매도인에게 복귀되므로 합의해제에 따른 매도인의 원상회복청구권은 소유권에 기인한 물권적 청구권으로서 이는 소멸시효의 대상이 아니다. ( ) ▸ 2019

3 부동산 양도담보의 피담보채무가 전부 변제되었음을 이유로 양도담보권설정자가 행사하는 소유권이전등기말소청구권은 **소멸시효에 걸린다**. ( ) ▸ 2022

4 소유권을 상실한 전(前)소유자는 물권적 청구권을 행사할 수 없다. ( ) ▸ 2015, 2020

5 물건의 양도 시 소유권에 기한 물권적 청구권을 소유권과 분리하여 이를 소유권을 상실한 전(前)소유자에게 유보하여 행사시킬 수 **있다**. ( ) ▸ 2015, 2019, 2024 사례

6 아직 건물의 소유권을 취득하지 못한 건물매수인은 그 건물의 불법점거자에 대하여 직접 건물의 명도청구를 할 수 없다. ( ) ▸ 2018

7 타인의 소유물을 불법으로 점유하였던 자라도 더 이상 현실적으로 점유를 하고 있지 않은 이상 그를 상대로 한 소유물반환청구는 부당하다. ( ) ▸ 2025

8 타인의 토지에 무단으로 건물을 신축하여 소유하는 자에 대하여 토지소유자는 그 건물에서 **퇴거할 것을 청구**할 수 **있다**. ( ) ▸ 2024, 2025

9 토지소유자는 권원 없이 그의 토지에 건물을 신축·소유한 사람으로부터 건물을 매수하여 그 권리의 범위에서 점유하는 사람에게 건물의 철거를 청구할 수 있다. ( ) ▸ 2020

10 소유물반환청구권의 상대방인 점유자가 그 물건을 점유할 권리가 있는 때에는 반환을 거부할 수 있다. ( ) ▸ 2018

11 토지의 점유자가 점유취득시효를 완성한 경우에도 토지소유자는 그 토지의 인도를 청구할 수 **있다**. ( ) ▸ 2018, 2025

정답 01 ○ 02 ○ 03 × 04 ○ 05 × 06 ○ 07 ○ 08 × 09 ○ 10 ○ 11 ×

제214조【소유물방해제거, 방해예방청구권】
소유자는 소유권을 방해하는 자에 대하여 방해의 제거를 청구할 수 있고 소유권을 방해할 염려 있는 행위를 하는 자에 대하여 그 예방이나 손해배상의 담보를 청구할 수 있다.

OX Check Point

1 소유자만이 진정명의회복을 위한 소유권이전등기를 청구할 수 있다. ( ) ▸2020

2 진정명의회복을 위한 소유권이전등기청구의 상대방은 현재의 등기명의인이다. ( ) ▸2020

3 소유권에 기한 방해배제청구권에서 '방해'는 현재 지속되고 있는 침해를 의미한다. ( ) ▸2020

4 소유물방해예방청구권에서 관념적인 방해의 가능성만으로는 방해의 염려가 있다고 할 수 없다. ( ) ▸2018

5 甲이 乙소유 X토지에 권원 없이 Y건물을 신축하여 소유하고 있다. 미등기인 Y를 丙이 매수하여 인도받았다면 乙은 丙을 상대로 건물철거 청구를 할 수 있다. ( ) ▸2024

정답 01 ○ 02 ○ 03 ○ 04 ○ 05 ○

제215조【건물의 구분소유】
① 수인이 한 채의 건물을 구분하여 각각 그 일부분을 소유한 때에는 건물과 그 부속물 중 **공용**하는 부분은 그의 **공유로 추정**한다.
② 공용부분의 보존에 관한 비용 기타의 부담은 각자의 소유부분의 가액에 비례하여 분담한다.

OX Check Point

1 기존 건물에 증축을 한 소유자의 **구분행위가 없더라도** 증축 부분이 구조상 · 이용상의 독립성을 갖춘 경우 그 부분에 대한 구분소유권은 **성립된다**. ( ) ▸2025

정답 01 ×

제216조【인지사용청구권】

① 토지소유자는 경계나 그 근방에서 담 또는 건물을 축조하거나 수선하기 위하여 필요한 범위 내에서 이웃 토지의 사용을 청구할 수 있다. 그러나 이웃 사람의 승낙이 없으면 그 주거에 들어가지 못한다.

② 전항의 경우에 이웃 사람이 손해를 받은 때에는 보상을 청구할 수 있다.

제217조【매연 등에 의한 인지에 대한 방해금지】

① 토지소유자는 매연, 열기체, 액체, 음향, 진동 기타 이에 유사한 것으로 이웃 토지의 사용을 방해하거나 이웃 거주자의 생활에 고통을 주지 아니하도록 적당한 조처를 할 의무가 있다.

② 이웃 거주자는 전항의 사태가 이웃 토지의 통상의 용도에 적당한 것인 때에는 이를 인용할 의무가 있다.

제218조【수도 등 시설권】

① 토지소유자는 타인의 토지를 통과하지 아니하면 필요한 수도, 소수관, 가스관, 전선 등을 시설할 수 없거나 과다한 비용을 요하는 경우에는 타인의 토지를 통과하여 이를 시설할 수 있다. 그러나 이로 인한 손해가 가장 적은 장소와 방법을 선택하여 이를 시설할 것이며 타 토지의 소유자의 청구에 의하여 손해를 보상하여야 한다.

② 전항에 의한 시설을 한 후 사정의 변경이 있는 때에는 타 토지의 소유자는 그 시설의 변경을 청구할 수 있다. 시설변경의 비용은 토지소유자가 부담한다.

제219조【주위토지통행권】

① 어느 토지와 공로 사이에 그 토지의 **용도에 필요한** 통로가 **없는** 경우에 그 토지소유자는 주위의 토지를 통행 또는 통로로 하지 아니하면 공로에 출입할 수 없거나 과다한 비용을 요하는 때에는 그 주위의 토지를 통행할 수 있고 필요한 경우에는 통로를 개설할 수 있다. 그러나 이로 인한 손해가 가장 적은 장소와 방법을 선택하여야 한다.

② 전항의 **통행권자**는 통행지 소유자의 **손해를 보상하여야** 한다.

OX Check Point

1 기존의 통로가 있더라도 당해 토지의 이용에 부적합하여 실제로 통로로서 충분한 기능을 하지 못하고 있는 경우에도 주위토지통행권이 인정된다. ( ) ▸ 2016

2 주위토지통행권이 인정되는 도로의 폭과 면적을 정함에 있어서, **「건축법」에 건축과 관련하여 도로에 관한 폭 등의 제한규정이 있으면 이에 따라 결정하여야 한다.** ( ) ▸ 2016

3 주위토지통행권의 범위는 현재의 토지의 용법에 따른 이용의 범위에서 인정된다. ( ) ▸ 2022

4 주위토지통행권의 범위는 현재의 토지의 용법은 물론 **장래의 이용 상황도 미리 대비하여 정해야 한다.** ( ) ▸ 2015, 2023

5 통행권자가 통행지를 배타적으로 점유하는 경우 통행지 소유자는 통행지의 인도를 청구할 수 있다. ( ) ▸ 2015, 2022

6 주위토지통행권이 인정되는 경우 통행지 소유자는 원칙적으로 통로개설 등 **적극적인 작위의무를 부담한다.** ( ) ▸ 2015

7 주위토지통행권에 기한 통행에 방해가 되는 축조물을 설치한 통행지 소유자는 그 철거의무를 부담한다. ( ) ▸ 2022

8 통행지소유자는 주위토지통행권자의 허락을 얻어 사실상 통행하고 있는 자에게는 그 손해의 보상을 청구할 수 없다. ( ) ▸ 2016

9 주위토지통행권은 법정의 요건을 충족하면 당연히 성립하고 요건이 없어지면 당연히 소멸한다. ( ) ▸ 2016, 2022

10 통행권자가 통행지 소유자에게 손해보상의 지급을 게을리하면 통행권이 **소멸한다**. ( ) ▸ 2015

정답 01 ○ 02 × 03 ○ 04 × 05 ○ 06 × 07 ○ 08 ○ 09 ○ 10 ×

제220조【분할, 일부양도와 주위토지통행권】

① **분할**로 인하여 공로에 통하지 못하는 토지가 있는 때에는 그 토지소유자는 공로에 출입하기 위하여 **다른 분할자의 토지**를 통행할 수 있다. 이 경우에는 **보상의 의무가 없다.**

② 전항의 규정은 토지소유자가 그 토지의 **일부를 양도**한 경우에 준용한다.

OX Check Point

1 동일인 소유의 토지의 일부가 양도되어 공로에 통하지 못하는 토지가 생긴 경우, 포위된 토지를 위한 통행권은 일부 양도 전의 양도인 소유의 종전 토지뿐만 아니라 **다른 사람 소유의 토지에 대하여도 인정된다**. ( ) ▸ 2015

2 토지의 분할로 주위토지통행권이 인정되는 경우, 통행권자는 분할당사자인 통행지 소유자의 **손해를 보상하여야 한다**. ( ) ▸ 2022

3 토지의 분할 및 일부양도의 경우, 무상주위통행권에 관한 「민법」의 규정은 포위된 토지 또는 피통행지의 특정승계인에게 적용되지 않는다. ( ) ▸ 2016

정답 01 × 02 × 03 ○

제221조【자연유수의 승수의무와 권리】

① 토지소유자는 이웃 토지로부터 자연히 흘러오는 물을 막지 못한다.

② 고지소유자는 이웃 저지에 자연히 흘러내리는 이웃 저지에서 필요한 물을 자기의 정당한 사용범위를 넘어서 이를 막지 못한다.

제222조【소통공사권】
흐르는 물이 저지에서 폐색된 때에는 고지소유자는 자비로 소통에 필요한 공사를 할 수 있다.

제223조【저수, 배수. 인수를 위한 공작물에 대한 공사청구권】
토지소유자가 저수, 배수, 또는 인수하기 위하여 공작물을 설치한 경우에 공작물의 파손 또는 폐색으로 타인의 토지에 손해를 가하거나 가할 염려가 있는 때에는 타인은 그 공작물의 보수, 폐색의 소통 또는 예방에 필요한 청구를 할 수 있다.

제224조【관습에 의한 비용부담】
전2조의 경우에 비용부담에 관한 관습이 있으면 그 관습에 의한다.

제225조【처마물에 대한 시설의무】
토지소유자는 처마물이 이웃에 직접 낙하하지 아니하도록 적당한 시설을 하여야 한다.

제226조【여수소통권】
① 고지소유자는 침수지를 건조하기 위하여 또는 가용이나 농, 공업용의 여수를 소통하기 위하여 공로, 공류 또는 하수도에 달하기까지 저지에 물을 통과하게 할 수 있다.
② 전항의 경우에는 저지의 손해가 가장 적은 장소와 방법을 선택하여야 하며 손해를 보상하여야 한다.

第227條【유수용공작물의 사용권】

① 토지소유자는 그 소유지의 물을 소통하기 위하여 이웃 토지소유자의 시설한 공작물을 사용할 수 있다.

② 전항의 공작물을 사용하는 자는 그 이익을 받는 비율로 공작물의 설치와 보존의 비용을 분담하여야 한다.

第228條【여수급여청구권】

토지소유자는 과다한 비용이나 노력을 요하지 아니하고는 가용이나 토지이용에 필요한 물을 얻기 곤란한 때에는 이웃 토지소유자에게 보상하고 여수의 급여를 청구할 수 있다.

第229條【수류의 변경】

① 구거(도랑) 기타 수류지의 소유자는 대안(건너편 기슭)의 토지가 타인의 소유인 때에는 그 수로나 수류의 폭을 변경하지 못한다.

② 양안의 토지가 수류지 소유자의 소유인 때에는 소유자는 수로와 수류의 폭을 변경할 수 있다. 그러나 하류는 자연의 수로와 일치하도록 하여야 한다.

③ 전2항의 규정은 다른 관습이 있으면 그 관습에 의한다.

第230條【언(둑)의 설치, 이용권】

① 수류지의 소유자가 언을 설치할 필요가 있는 때에는 그 언을 대안(건너편 기슭)에 접촉하게 할 수 있다. 그러나 이로 인한 손해를 보상하여야 한다.

② 대안의 소유자는 수류지의 일부가 자기소유인 때에는 그 언을 사용할 수 있다. 그러나 그 이익을 받는 비율로 언의 설치, 보존의 비용을 분담하여야 한다.

제231조【공유하천용수권】
① 공유하천의 연안에서 농, 공업을 경영하는 자는 이에 이용하기 위하여 타인의 용수를 방해하지 아니하는 범위 내에서 필요한 인수를 할 수 있다.
② 전항의 인수를 하기 위하여 필요한 공작물을 설치할 수 있다.

제232조【하류연안의 용수권 보호】
전조의 인수나 공작물로 인하여 하류연안의 용수권을 방해하는 때에는 그 용수권자는 방해의 제거 및 손해의 배상을 청구할 수 있다.

제233조【용수권의 승계】
농, 공업의 경영에 이용하는 수로 기타 공작물의 소유자나 몽리자(이용자)의 특별승계인은 그 용수에 관한 전소유자나 몽리자의 권리의무를 승계한다.

제234조【용수권에 관한 다른 관습】
전3조의 규정은 다른 관습이 있으면 그 관습에 의한다.

제235조【공용수의 용수권】
상린자는 그 공용에 속하는 원천이나 수도를 각 수요의 정도에 응하여 타인의 용수를 방해하지 아니하는 범위 내에서 각각 용수할 권리가 있다.

제236조【용수장해의 공사와 손해배상, 원상회복】
① 필요한 용도나 수익이 있는 원천이나 수도가 타인의 건축 기타 공사로 인하여 단수, 감수, 기타 용도에 장해가 생긴 때에는 용수권자는 손해배상을 청구할 수 있다.
② 전항의 공사로 인하여 음료수 기타 생활상 필요한 용수에 장해가 있을 때에는 원상회복을 청구할 수 있다.

第237条【경계표, 담의 설치권】

① 인접하여 토지를 소유한 자는 **공동비용**으로 **통상**의 경계표나 담을 설치할 수 있다.

② 전항의 비용은 **쌍방이 절반**하여 부담한다. 그러나 측량비용은 토지의 면적에 비례하여 부담한다.

③ 전2항의 규정은 다른 관습이 있으면 그 관습에 의한다.

OX Check Point

1 인접하여 토지를 소유한 자는 다른 관습이 없으면 공동비용으로 통상의 경계표나 담을 설치할 수 있다. ( ) ▸ 2024

2 인접하는 토지를 소유한 자들이 공동비용으로 통상의 경계표를 설치하는 경우, 다른 관습이 없으면 측량비용은 토지의 면적에 비례하여 부담한다. ( ) ▸ 2023, 2024

정답 01 ○ 02 ○

第238条【담의 특수시설권】

인지소유자는 자기의 비용으로 담의 재료를 통상보다 양호한 것으로 할 수 있으며 그 높이를 통상보다 높게 할 수 있고 또는 방화벽 기타 특수시설을 할 수 있다.

第239条【경계표 등의 공유추정】

경계에 설치된 경계표, 담, 구거(도랑) 등은 상린자의 **공유로 추정**한다. 그러나 경계표, 담, 구거(도랑) 등이 상린자 일방의 단독비용으로 설치되었거나 담이 건물의 일부인 경우에는 그러하지 아니하다.

OX Check Point

1 경계에 설치된 경계표나 담은 특별한 사정이 없는 한, 상린자의 공유로 추정한다. ( ) ▸ 2023

정답 01 O

제240조【수지, 목근의 제거권】

① 인접지의 수목가지가 경계를 넘은 때에는 그 소유자에 대하여 가지의 제거를 청구할 수 있다.

② 전항의 청구에 응하지 아니한 때에는 청구자가 그 가지를 제거할 수 있다.

③ 인접지의 수목 뿌리가 경계를 넘은 때에는 임의로 제거할 수 있다.

OX Check Point

1 인접지의 수목뿌리가 경계를 넘은 경우, 토지소유자는 임의로 그 뿌리를 제거할 수 있다. ( ) ▸ 2024

정답 01 O

제241조【토지의 심굴금지】

토지소유자는 인접지의 지반이 붕괴할 정도로 자기의 토지를 심굴하지 못한다. 그러나 충분한 방어공사를 한 때에는 그러하지 아니하다.

제242조【경계선부근의 건축】

① 건물을 축조함에는 특별한 관습이 없으면 경계로부터 **반미터** 이상의 거리를 두어야 한다. ▸ 2023

② 인접지소유자는 전항의 규정에 위반한 자에 대하여 건물의 변경이나 철거를 청구할 수 있다. 그러나 건축에 착수한 후 1년을 경과하거나 건물이 완성된 후에는 손해배상만을 청구할 수 있다.

OX Check Point

1 건물을 축조함에는 특별한 관습 또는 약정이 없으면 경계로부터 반미터 이상의 거리를 두어야 한다. ( ) ▸ 2024

정답 01 ○

제243조【차면시설의무】

경계로부터 **2미터** 이내의 거리에서 이웃 주택의 내부를 관망할 수 있는 창이나 마루를 설치하는 경우에는 적당한 차면시설을 하여야 한다.

제244조【지하시설 등에 대한 제한】

① 우물을 파거나 용수, 하수 또는 오물 등을 저치할 지하시설을 하는 때에는 경계로부터 2미터 이상의 거리를 두어야 하며 저수지, 구거(도랑) 또는 지하실 공사에는 경계로부터 그 깊이의 반 이상의 거리를 두어야 한다.

② 전항의 공사를 함에는 토사가 붕괴하거나 하수 또는 오액이 이웃에 흐르지 아니하도록 적당한 조치를 하여야 한다.

제2절 소유권의 취득

제245조【점유로 인한 부동산소유권의 취득기간】
① **20년간** 소유의 의사(**자**주)로 **평**온, **공**연하게 부동산을 **점유하는 자**는 **등기함으로써** 그 소유권을 취득한다.
② 부동산의 소유자로 **등기한 자**가 **10년간** 소유의 의사(**자**주)로 **평**온, **공**연하게 **선의이며 과실 없이** 그 부동산을 **점유한 때**에는 소유권을 취득한다. ▸ 2019

OX Check Point

점유취득시효

1 성명불상자의 소유물도 시효취득의 대상이 된다. (　) ▸ 2021, 2025

2 국유재산 중 행정재산은 공용이 폐지되지 않는 한 취득시효의 대상이 되지 않는다. (　) ▸ 2021, 2025

3 공유지분의 일부에 대해서도 시효취득이 가능하지만, 집합건물의 공용부분은 점유취득시효에 의한 소유권취득의 대상이 될 수 없다. (　) ▸ 2019, 2023

4 1필 토지의 일부도 점유취득시효의 대상이 될 수 있다. (　) ▸ 2024, 2025

5 부동산에 관하여 적법한 등기를 마치고 소유권을 취득한 자가 그 부동산을 점유하는 경우 특별한 사정이 없는 한 그 점유는 취득시효의 기초가 되는 점유라 할 수 없다. (　) ▸ 2025

6 점유매개자의 점유를 통한 간접점유에 의해서도 점유에 의한 시효취득이 가능하다. (　) ▸ 2021

7 1동의 집합건물의 구분소유자들의 건물 대지 전체에 대한 공동의 점유는 대지 소유권의 점유취득시효의 요건인 점유에 **해당하지 않는다**. (　) ▸ 2025

8 점유취득시효에 있어서 점유자가 무효인 임대차계약에 따라 점유를 취득한 사실이 증명된 경우, 그 점유자의 소유의 의사는 추정되지 않는다. (　) ▸ 2017

9 점유자가 점유 개시 당시에 소유권 취득의 원인이 될 수 있는 법률행위가 없다는 사실을 알면서 타인 소유의 토지를 무단점유한 것이 증명된 경우, 그 토지 소유권의 시효취득은 인정되지 않는다. (　) ▸ 2023

10 무과실은 점유취득시효의 요건이 아니다. (　) ▸ 2021

11 시효완성자는 취득시효의 기산점과 관련하여 점유기간을 통틀어 등기명의인이 동일한 경우에는 임의의 시점을 기산점으로 할 수 있다. ( ) ▸ 2018, 2022 사례, 2023

12 부동산 점유취득시효가 완성되면 점유자는 원칙적으로 시효기간 만료 당시의 토지 소유자에 대하여 소유권이전등기청구권을 취득하는데, 이는 채권적 청구권이다. ( ) ▸ 2019

13 시효기간 중 목적부동산이 제3자에게 양도되어 등기가 이전된 경우, 시효기간 만료 시 그 양수인을 상대로 시효취득을 주장할 수 있다. ( ) ▸ 2018

14 토지에 대한 취득시효 완성으로 인한 소유권이전등기청구권은 그 토지에 대한 점유가 계속되는 한 시효로 소멸하지 않는다. ( ) ▸ 2017

15 점유취득시효가 완성된 후에는 취득시효 완성의 이익을 포기할 수 있다. ( ) ▸ 2021

16 시효이익의 포기는 특별한 사정이 없는 한, 시효취득자가 취득시효완성 당시의 진정한 소유자에 대하여 하여야 한다. ( ) ▸ 2023

17 시효취득자가 **시효취득 당시 원인무효인 등기의 등기부상 소유명의자에게** 시효이익을 포기한 경우에도 시효이익 포기의 효력이 **발생한다**. ( ) ▸ 2017

18 취득시효가 완성되었으나 아직 소유권이전등기를 경료하지 않은 시효완성자에 대하여 소유자는 점유로 인한 부당이득반환청구를 할 수 없다. ( ) ▸ 2018

19 점유취득시효의 완성 후 등기 전에 토지소유자가 파산선고를 받은 때에는 점유자는 파산관재인을 상대로 취득시효를 이유로 소유권이전등기를 청구할 수 없다. ( ) ▸ 2017

20 甲이 20년간 소유의 의사로 평온, 공연하게 乙소유의 X토지를 점유한 경우, 乙이 丙에게 X토지를 유효하게 명의신탁한 후 丙이 甲에 대해 소유자로서의 권리를 행사하는 경우, 특별한 사정이 없는 한 甲은 점유취득시효의 완성을 이유로 이를 저지할 수 있다. ( ) ▸ 2022 사례

21 소유자가 시효완성 사실을 알고 목적부동산을 제3자에게 처분하고 소유권이전등기를 넘겨준 경우, 소유자는 시효완성자에게 불법행위로 인한 손해배상책임을 진다. ( ) ▸ 2018, 2020 사례변형

22 소유자가 시효완성 사실을 알고 목적부동산을 제3자에게 처분한 경우, 소유자는 시효완성자에게 **채무불이행으로 인한 손해배상책임을 진다**. ( ) ▸ 2018

23 비법인사단은 시효취득의 주체가 될 수 **없다**. ( ) ▸ 2019

정답 01 ○ 02 ○ 03 ○ 04 ○ 05 ○ 06 ○ 07 × 08 ○ 09 ○ 10 ○
11 ○ 12 ○ 13 ○ 14 ○ 15 ○ 16 ○ 17 × 18 ○ 19 ○ 20 ○
21 ○ 22 × 23 ×

OX Check Point

등기부취득시효

1 1필의 토지의 일부가 공간정보의 구축 및 관리 등에 관한 법률상 분할절차 없이 분필등기가 된 경우, 그 분필등기가 표상하는 부분에 대한 등기부취득시효가 인정될 수 **있다**. ( ) ▸ 2024

2 무효인 중복등기에 바탕을 둔 등기부취득시효는 인정되지 않는다. ( ) ▸ 2016

3 점유자의 등기취득에 대한 선의·무과실은 부동산 등기부취득시효의 요건이 아니다. ( ) ▸ 2018 변형

4 등기부취득시효의 요건으로서 무과실은 이를 주장하는 자가 증명하여야 한다. ( ) ▸ 2017

5 부동산 매수인이 매도인의 부동산 처분권한을 조사했더라면 그 처분권한이 없음을 알 수 있었음에도 이를 조사하지 않은 경우, 매수인의 등기부취득시효는 완성되지 않는다. ( ) ▸ 2015

정답 01 × 02 ○ 03 ○ 04 ○ 05 ○

제246조【점유로 인한 동산소유권의 취득기간】
① **10년간** 소유의 의사로 평온, 공연하게 **동산**을 점유한 자는 그 소유권을 취득한다. ▸ 2019
② 전항의 점유가 **선의이며 과실 없이** 개시된 경우에는 5년을 경과함으로써 그 소유권을 취득한다.

第247條【소유권취득의 소급효, 중단사유】

① 전2조의 규정에 의한 소유권 취득의 효력은 **점유를 개시한 때**에 **소급**한다.
② 소멸시효의 중단에 관한 규정은 전2조의 소유권취득기간에 준용한다.

OX Check Point

1 시효완성을 이유로 한 소유권취득의 효력은 **점유를 개시한 때**로 소급하지 **않으며** 등기를 함으로써 **장래를 향하여 발생한다**. ( ) ▸ 2023
2 소멸시효의 중단에 관한 규정은 취득시효에 준용한다. ( ) ▸ 2015
3 취득시효의 중단사유는 종래의 점유상태의 계속을 파괴하는 것으로 인정될 수 있는 것이어야 한다. ( ) ▸ 2020
4 **압류 또는 가압류는** 소멸시효와 **취득시효**의 **중단사유이다**. ( ) ▸ 2020
5 **압류**는 점유취득시효의 **중단사유이다**. ( ) ▸ 2021

정답 01 × 02 ○ 03 ○ 04 × 05 ×

第248條【소유권 이외의 재산권의 취득시효】

전3조의 규정은 소유권 이외의 재산권의 취득에 준용한다.

OX Check Point

1 지상권은 시효취득의 대상이 된다. ( ) ▸ 2024
2 동산질권은 시효취득의 대상이 된다. ( ) ▸ 2024
3 **저당권은** 시효취득의 대상이 된다. ( ) ▸ 2020

정답 01 ○ 02 ○ 03 ×

제249조【선의취득】
평온, 공연하게 **동산을 양수한 자**가 **선의이며 과실 없이** 그 동산을 **점유한 경우**에는 양도인이 정당한 소유자가 아닌 때에도 즉시 그 동산의 **소유권을 취득한다.**

OX Check Point

1 등록에 의하여 소유권이 공시되는 자동차는 동산이라 하더라도 선의취득의 대상이 되지 않는다. ( ) ▸ 2019, 2023

2 토지는 선의취득의 대상이 되지 못한다. ( ) ▸ 2015

3 건물인 경우에도 선의취득할 수 **있다**. ( ) ▸ 2018 사례

4 수분양자로서의 지위를 내용으로 하는 연립주택의 입주권은 선의취득의 대상이 될 수 없다. ( ) ▸ 2017, 2019

5 동산의 선의취득은 양도인이 무권리자라고 하는 점을 제외하고는 아무런 흠이 없는 거래행위이어야 성립한다. ( ) ▸ 2017, 2018 사례, 2019, 2023

6 경매에 의한 동산의 취득에는 선의취득이 인정되지 **않는다**. ( ) ▸ 2016, 2022

7 채무자 이외의 자의 소유에 속하는 동산의 경매절차에서 그 동산을 경락받아 경락대금을 납부하고 이를 인도받은 경락인은 특별한 사정이 없는 한 소유권을 선의취득할 수 있다. ( ) ▸ 2019

8 선의취득의 요건인 선의·무과실의 판단은 **동산의 인도 여부와 관계없이 물권적 합의가 이루어진 때를 기준으로 한다**. ( ) ▸ 2021

9 양수인이 물권적 합의 시점에 선의·무과실이면, 이후 **인도받을 때에 악의이거나 과실이 있더라도 선의취득이 인정된다**. ( ) ▸ 2015

10 인도가 물권적 합의보다 먼저 이루어진 경우, 선의·무과실의 판단은 **인도를 기준으로 한다**. ( ) ▸ 2016, 2020

11 간이인도는 선의취득에서의 인도의 방법으로 인정된다. ( ) ▸ 2016

12 현실의 인도를 받지 않아도 **점유개정의 방법만**으로 선의취득이 **인정된다**. ( ) ▸ 2015, 2016, 2017, 2018 사례, 2019, 2021, 2022

13 점유개정의 방법으로 양도담보를 설정한 동산소유자가 다시 제3자와 양도담보설정계약을 맺고 그 동산을 점유개정으로 인도한 경우, 제3자는 양도담보권을 선의취득하지 못한다. ( ) ▸ 2020

14 제3자에 대한 목적물반환청구권을 양수인에게 양도하고 지명채권 양도의 대항요건을 갖추면 동산의 선의취득에 필요한 점유의 취득요건을 충족한다. ( )
▸ 2021, 2023

15 선의취득자는 임의로 선의취득의 효과를 거부하고 종전 소유자에게 동산을 반환받아 갈 것을 요구할 수 없다. ( ) ▸ 2015, 2022

16 선의취득자는 권리를 잃은 전(前)소유자에게 부당이득을 반환할 의무가 없다. ( ) ▸ 2020

17 점유권과 유치권은 선의취득할 수 없다. ( ) ▸ 2020

18 저당권은 선의취득의 대상이 아니지만 동산질권은 선의취득 대상이 된다. ( )
▸ 2016, 2017, 2018, 2022

19 선의취득에 관한 민법 제249조는 **저당권의 취득**에도 **적용된다**. ( ) ▸ 2021

정답 01 ○ 02 ○ 03 × 04 ○ 05 ○ 06 × 07 ○ 08 × 09 × 10 ×
11 ○ 12 × 13 ○ 14 ○ 15 ○ 16 ○ 17 ○ 18 ○ 19 ×

제250조【도품, 유실물에 대한 특례】
전조의 경우에 그 동산이 **도품이나 유실물인 때**에는 피해자 또는 유실자는 도난 또는 유실한 날부터 **2년 내**에 그 물건의 반환을 청구할 수 있다. 그러나 도품이나 유실물이 금전인 때에는 그러하지 아니하다.

OX Check Point

1 점유보조자가 횡령한 동산은 민법 제250조의 도품·유실물에 해당하지 않는다. ( )
▸ 2015, 2018 사례, 2022

정답 01 ○

제251조【도품, 유실물에 대한 특례】
양수인이 도품 또는 유실물을 경매나 공개시장에서 또는 동종류의 물건을 판매하는 상인에게서 선의로 매수한 때에는 피해자 또는 유실자는 양수인이 지급한 대가를 변상하고 그 물건의 반환을 청구할 수 있다.

OX Check Point

1 도품·유실물에 관한 민법 제251조는 선의취득자에게 그가 지급한 대가의 변상 시까지 취득물의 반환청구를 거부할 수 있는 **항변권만을 인정한다는 취지이다**. ( )
∵ 대가변상청구권도 인정 ▸ 2021

2 양수인이 도품을 공개시장에서 선의·무과실로 매수한 경우, 피해자는 양수인이 지급한 대가를 변상하고 그 물건의 반환을 청구할 수 있다. ( ) ▸ 2023

정답 01 × 02 ○

제252조【무주물의 귀속】
① 무주의 동산을 소유의 의사로 점유한 자는 그 소유권을 취득한다.
② 무주의 부동산은 국유로 한다.
③ 야생하는 동물은 무주물로 하고 사양하는 야생동물도 다시 야생상태로 돌아가면 무주물로 한다.

OX Check Point

1 무주의 부동산도 선점의 대상이 될 수 없다. ( ) ▸ 2015

2 무주물 선점에 의한 소유권 취득은 원시취득이다. ( ) ▸ 2021 변형

정답 01 ○ 02 ○

第253條【유실물의 소유권취득】
유실물은 법률에 정한 바에 의하여 공고한 후 **6개월** 내에 그 소유자가 권리를 주장하지 아니하면 습득자가 그 소유권을 취득한다.

第254條【매장물의 소유권취득】
매장물은 법률에 정한 바에 의하여 **공고한 후 1년 내**에 그 소유자가 권리를 주장하지 아니하면 발견자가 그 소유권을 취득한다. 그러나 타인의 토지 기타 물건으로부터 발견한 매장물은 그 토지 기타 물건의 소유자와 발견자가 절반하여 취득한다.

第255條【「국가유산기본법」 제3조에 따른 국가유산의 국유】
① 학술, 기예 또는 고고의 중요한 자료가 되는 물건에 대하여는 제252조 제1항 및 전2조의 규정에 의하지 아니하고 국유로 한다.
② 전항의 경우에 습득자, 발견자 및 매장물이 발견된 토지 기타 물건의 소유자는 국가에 대하여 적당한 보상을 청구할 수 있다.

OX Check Point

1 타인의 토지 기타 물건으로부터 발견된, 문화재가 아닌 **매장물은** 법률이 정한 바에 의하여 공고한 후 **6개월 내**에 그 소유자가 권리를 주장하지 아니하면 그 토지 기타 물건의 소유자와 발견자가 절반하여 취득한다. ( ) ▸ 2015

정답 01 ×

제256조【부동산에의 부합】
부동산의 소유자는 그 부동산에 **부합**한 **물건**의 소유권을 취득한다. 그러나 **타인의 권원에 의하여 부속**된 것은 그러하지 아니하다.

OX Check Point

1 부합의 원인은 인위적이든 자연적이든 불문한다. ( ) ▸2020

2 분리가 가능하지만 분리할 경우 상호 부착되거나 결합된 물건의 경제적 가치가 심하게 손상되는 경우에도 부합이 인정된다. ( ) ▸2023

3 동일인 소유의 부동산과 동산 상호 간에는 원칙적으로 부합이 인정되지 않는다. ( ) ▸2023

4 부동산에 동산이 부합한 경우, 동산의 가격이 부동산의 가격을 초과하더라도 부동산의 소유자가 부합한 동산의 소유권을 취득한다. ( ) ▸2016, 2023

5 동산 이외에 부동산은 부합물이 될 수 **없다**. ( ) ▸2023

6 토지 위에 건물이 신축 완공된 경우에 건물은 토지에 부합하지 않는다. ( ) ▸2016, 2017

7 건물의 임차인이 권원에 기하여 증축한 부분이 독립성을 가지면 증축된 부분은 부합되지 않는다. ( ) ▸2016

8 타인이 그의 권원에 의하여 부동산에 부속한 물건은 이를 분리하여도 경제적 가치가 없으면 부동산소유자의 소유로 한다. ( ) ▸2020, 2022

9 타인의 권원에 의하여 부동산에 부합된 물건이 독립한 권리의 객체성을 상실하고 부동산의 구성부분이 된 경우, 그 부합물의 소유권은 부동산의 소유자에게 귀속된다. ( ) ▸2015

10 타인의 권원에 기하여 부동산에 부합된 물건이 부동산의 구성부분이 된 경우, 부동산의 소유자는 방해배제청구권에 기하여 부합물의 철거를 청구할 수 없다. ( ) ▸2024

11 건물의 증축 부분이 기존 건물에 부합하여 기존 건물과 분리해서는 별개의 독립물로서의 효용을 갖지 못하는 경우, 기존 건물에 대한 경매절차에서 경매목적물로 평가되지 않았더라도 매수인은 부합된 증축 부분의 소유권을 취득한다. ( ) ▸2022

12 권원이 없는 자가 토지소유자의 승낙 없이 그 토지 위에 나무를 심은 경우, 특별한 사정이 없는 한, **토지소유자에 대하여 그 나무의 소유권을 주장할 수 있다**. ( ) ▸ 2016

13 X토지 소유자의 승낙 없이 토지임차인의 승낙만 받아 제3자가 X에 수목을 심은 경우, 그 수목은 X에 **부합하지 않으므로** 제3자가 식재한 수목임을 알지 못하는 **X의 양수인은** 그 수목을 벌채할 수 **없다**. ( ) ▸ 2024

정답 01 ○ 02 ○ 03 ○ 04 ○ 05 × 06 ○ 07 ○ 08 ○ 09 ○ 10 ○ 11 ○ 12 × 13 ×

제257조【동산 간의 부합】
동산과 동산이 부합하여 훼손하지 아니하면 분리할 수 없거나 그 분리에 과다한 비용을 요할 경우에는 그 합성물의 소유권은 **주된 동산의 소유자에게** 속한다. 부합된 동산의 주종을 구별할 수 없는 때에는 동산의 소유자는 부합 당시의 가액의 비율로 합성물을 공유한다.

OX Check Point

1 부동산에의 부합 이외에 동산 상호간의 부합도 인정된다. ( ) ▸ 2023

2 동일인 소유의 여러 동산들이 결합하는 것은 부합이 아니다. ( ) ▸ 2020

3 주종의 구별이 있는 동산과 동산이 부합된 합성물은 주된 동산의 소유자에게 속한다. ( ) ▸ 2017

4 주종을 구별할 수 있는 동산들이 부합하여 분리에 과다한 비용을 요할 경우, 그 합성물의 소유권은 주된 동산의 소유자에게 속한다. ( ) ▸ 2022

5 부합한 동산의 주종을 구별할 수 없는 때에는 동산의 소유자는 부합 당시의 가액의 비율로 합성물을 공유한다. ( ) ▸ 2015, 2016, 2024

정답 01 ○ 02 ○ 03 ○ 04 ○ 05 ○

제258조【혼화】
전조의 규정은 동산과 동산이 혼화하여 식별할 수 없는 경우에 준용한다.

제259조【가공】
① 타인의 동산에 가공한 때에는 그 물건의 소유권은 원재료의 소유자에게 속한다. 그러나 가공으로 인한 가액의 증가가 원재료의 가액보다 현저히 다액인 때에는 가공자의 소유로 한다.
② 가공자가 재료의 일부를 제공하였을 때에는 그 가액은 전항의 증가액에 가산한다.

OX Check Point

1 가공물은 원칙적으로 원재료 소유자에게 속한다. (　) ▸ 2017, 2020

2 타인의 동산에 가공한 경우, 가공으로 인한 가액의 증가가 원재료의 가액보다 현저히 다액인 때에는 가공자의 소유로 한다. (　) ▸ 2022

정답 01 ○ 02 ○

제260조【첨부의 효과】
① 전4조의 규정에 의하여 동산의 소유권이 소멸한 때에는 그 동산을 목적으로 한 다른 권리도 소멸한다. ▸ 2024
② 동산의 소유자가 합성물, 혼화물 또는 가공물의 단독소유자가 된 때에는 전항의 권리는 합성물, 혼화물 또는 가공물에 존속하고 그 공유자가 된 때에는 그 지분에 존속한다.

OX Check Point

1 부동산에 부합되어 동산의 소유권이 소멸하는 경우, **그 동산을 목적으로 한 질권은 소멸하지 않는다**. ( ) ▸ 2017

정답 01 ×

第261조【첨부로 인한 구상권】

전5조의 경우에 손해를 받은 자는 부당이득에 관한 규정에 의하여 보상을 청구할 수 있다.

OX Check Point

1 첨부에 의해 손해를 받은 자는 부당이득에 관한 규정에 의하여 보상을 청구할 수 있다. ( ) ▸ 2017

2 양도담보권의 목적인 주된 동산에 甲소유의 동산이 부합되어 甲이 그 소유권을 상실하는 손해를 입은 경우, 특별한 사정이 없는 한 甲은 **양도담보권자를 상대로 보상을 청구할 수 있다**. ( ) ▸ 2022

정답 01 ○ 02 ×

제3절 공동소유

제262조【물건의 공유】
① 물건이 지분에 의하여 수인의 소유로 된 때에는 **공유**로 한다.
② 공유자의 지분은 균등한 것으로 **추정**한다.

OX Check Point

구분소유적 공유

1 구분소유적 공유관계는 어떤 토지에 관하여 그 위치와 면적을 특정하여 여러 사람이 구분소유하기로 하는 약정이 있어야만 적법하게 성립할 수 있다. ( ) ▸2021

2 구조상·이용상 독립성이 있는 건물부분이라 하더라도 구분소유적 공유관계는 성립할 수 **없다**. ( ) ▸2023

3 당사자 내부에 있어서는 각자가 특정매수한 부분은 각자의 단독 소유가 된다. ( ) ▸2021

4 구분소유적 공유관계의 해소는 상호명의신탁의 해지에 의한다. ( ) ▸2021

5 제3자의 방해행위가 있으면 공유자는 자기의 구분소유 부분뿐만 아니라 전체 토지에 대하여 공유물의 보존행위로서 그 배제를 구할 수 있다. ( ) ▸2021

6 구분소유적 공유지분을 매수한 자는 **당연히** 구분소유적 공유관계를 승계한다. ( ) ▸2021

정답 01 ○ 02 × 03 ○ 04 ○ 05 ○ 06 ×

제263조【공유지분의 처분과 공유물의 사용, 수익】
공유자는 그 지분을 처분할 수 있고 공유물 **전부**를 **지분의 비율**로 **사용, 수익**할 수 있다. ▸2019

OX Check Point

1 각 공유자는 자기 지분을 자유롭게 처분할 수 있다. ( ) ▸ 2015, 2022, 2025

2 X토지를 3분의 1씩 甲, 乙, 丙이 공유하는 경우, 甲과 乙이 협의하여 X토지를 매도하면 그 효력은 丙**의 지분에도 미친다**. ( ) ▸ 2024

3 공유자 甲, 乙, 丙 사이의 공유하는 X토지 사용·수익에 관한 특약이 공유지분권의 본질적 부분을 침해하지 않는 경우라면 그 특약은 丙의 특정승계인에게 승계될 수 있다. ( ) ▸ 2022 사례

정답 01 ○ 02 × 03 ○

제264조【공유물의 처분, 변경】
공유자는 다른 공유자의 동의 없이 공유물을 처분하거나 변경하지 못한다.
▸ 2023

OX Check Point

1 공유자는 다른 공유자의 동의 없이 공유물을 **처분하거나 변경할 수 있다**. ( ) ▸ 2019

2 공유토지 위에 건물을 신축하기 위해서는 공유자 전원의 동의가 있어야 한다. ( ) ▸ 2016

정답 01 × 02 ○

제265조【공유물의 관리, 보존】
공유물의 **관리**에 관한 사항은 공유자의 **지분의 과반수로써 결정**한다. 그러나 **보존**행위는 **각자**가 할 수 있다.

OX Check Point

1 공유물의 관리에 관한 사항은 공유자의 지분의 과반수로써 결정한다. ( ) ▸ 2019

2 과반수지분권자는 다른 공유자들과의 협의 없이 공유토지의 관리방법을 정할 수 있다. ( ) ▸ 2017 변형, 2021

3 공유물의 임대는 **공유자**의 과반수로 결정한다. ( ) ▸ 2015

4 甲, 乙, 丙은 X토지를 동일한 지분비율로 공유하고 있다. 甲과 乙이 丙과의 협의 없이 X토지에 **건물을 신축**하여 임대하기로 결정하는 것도 **관리방법으로서 적법**하다. ( ) ▸ 2025

5 과반수지분권자로부터 공유토지의 특정부분의 점유를 허락받은 제3자는 소수지분권자에 대해서 그 점유로 인한 이득을 부당이득으로 반환할 필요가 없다. ( ) ▸ 2018

6 과반수지분권자 丙이 甲, 乙과의 협의 없이 공유토지 전부를 戊에게 임대한 경우, 7분의 1 소수지분권자 甲은 戊에게 차임 상당액의 7분의 1을 부당이득으로 반환할 것을 청구할 수 **있다**. ( ) ▸ 2022 사례

7 제3자 丁이 공유토지 전부를 불법으로 점유하는 경우, 소수지분권자 甲은 단독으로 공유토지 전부의 인도를 청구할 수 있다. ( ) ▸ 2022 사례변형, 2024

8 소수지분권자는 공유토지에 제3자 명의로 경료된 원인무효인 근저당권설정등기의 말소를 청구할 수 있다. ( ) ▸ 2017 변형

9 소수지분권자가 다른 공유자의 동의 없이 공유물을 배타적으로 점유하는 경우, 다른 소수지분권자는 그 점유자를 상대로 보존행위에 기하여 공유물의 인도를 청구할 수 없다. ( ) ▸ 2015, 2021, 2022 사례, 2025

10 X토지를 3분의 1씩 甲, 乙, 丙이 공유하는 경우, 甲이 乙과 丙의 동의 없이 X토지 중 3분의 1을 배타적으로 사용하는 경우, **乙은 방해배제를 청구할 수 없다**. ( ) ▸ 2024

11 공유자가 다른 공유자의 지분권을 대외적으로 주장하는 것은 보존행위가 아니다. ( ) ▸ 2016

12 다른 공유자 丙의 지분 위에 원인무효의 저당권 등기가 마쳐진 경우 공유자 甲는 공유토지의 보존행위로서 저당권 등기의 말소를 청구할 수는 없다. ( ) ▸ 2025

13 공유물을 손괴한 자에 대하여 공유자 중 1인은 특별한 사유가 없는 한 **공유물에 발생한 손해의 전부를 청구할 수 있다**. ( ) ▸ 2016

정답 01 ○ 02 ○ 03 × 04 × 05 ○ 06 × 07 ○ 08 ○ 09 ○ 10 × 11 ○ 12 ○ 13 ×

제266조【공유물의 부담】

① 공유자는 그 지분의 비율로 공유물의 관리비용 기타 의무를 부담한다.

② 공유자가 1년 이상 전항의 의무이행을 지체한 때에는 다른 공유자는 상당한 가액으로 지분을 매수할 수 있다.

OX Check Point

1 공유자 사이에 다른 특약이 없는 한 그 지분의 비율로 공유물의 관리비용 기타 의무를 부담한다. (　) ▸ 2015, 2016, 2019

2 토지공유자 사이에서는 지분비율로 공유물의 관리비용을 부담한다. (　) ▸ 2021

3 X토지를 3분의 1씩 甲, 乙, 丙이 공유하는 경우, 丙이 1년 이상 X토지의 관리비용을 부담하지 않은 경우, 甲과 乙은 丙의 지분을 **무상으로** 취득할 수 있다. (　) ▸ 2024

정답 01 ○ 02 ○ 03 ×

제267조【지분포기 등의 경우의 귀속】

공유자가 그 지분을 포기하거나 상속인 없이 사망한 때에는 그 지분은 다른 공유자에게 각 지분의 비율로 귀속한다.

OX Check Point

1 공유자 1인이 포기한 지분은 다른 공유자에게 각 지분의 비율로 귀속한다. (　) ▸ 2015

2 공유자의 1인이 상속인 없이 사망한 경우, 그 지분은 다른 공유자에게 각 지분의 비율로 귀속된다. (　) ▸ 2016

3 부동산 공유자의 공유지분 포기의 의사표시가 다른 공유자에게 도달하더라도 이로써 곧바로 공유지분 포기에 따른 물권변동의 효력이 발생하는 것은 아니다. (　) ▸ 2021

4 X토지를 3분의 1씩 甲, 乙, 丙이 공유하는 경우, 甲이 자신의 지분을 포기하더라도 乙과 丙이 이전등기를 하여야 甲의 지분을 취득한다. (　) ▸ 2018, 2024

정답 01 ○ 02 ○ 03 ○ 04 ○

제268조【공유물의 분할청구】

① 공유자는 공유물의 분할을 청구할 수 있다. 그러나 **5년 내**의 기간으로 분할하지 아니할 것을 약정할 수 있다.

② 전항의 계약을 갱신한 때에는 그 기간은 갱신한 날부터 5년을 넘지 못한다.

③ 전2항의 규정은 **제215조, 제239조의 공유물에는 적용하지 아니한다.**

OX Check Point

1 공유관계가 존속하는 한, 공유물분할청구권만이 독립하여 시효로 소멸하지는 않는다. ( ) ▸ 2016, 2022

2 공유물분할청구권은 형성권에 해당한다. ( ) ▸ 2022

3 공유물분할의 소는 공유자 전원이 소송당사자로 참여해야 하므로, 공동소송인 중 1인에 소송요건의 흠결이 있는 경우 전 소송이 부적법하게 된다. ( ) ▸ 2018

4 X토지를 3분의 1씩 甲, 乙, 丙이 공유하는 경우, 甲은 乙과 丙의 동의를 얻지 않고서 공유물의 분할을 청구할 수 있다. ( ) ▸ 2024

5 공유자는 특별한 사정이 없는 한 언제든지 공유물의 분할을 청구할 수 있다. ( ) ▸ 2021, 2022

6 공유자 전원이 3년간 공유물을 분할하지 않기로 합의한 것은 유효하다. ( ) ▸ 2024, 2025

7 공유물분할 금지약정은 갱신할 수 있다. ( ) ▸ 2023

8 공유자 1인의 지분 위에 설정된 근저당권은 공유물분할이 되어도 특단의 합의가 없는 한 공유물 전부에 관하여 종전의 지분대로 존속한다. ( ) ▸ 2024

9 구분소유하는 건물과 그 부속물 중 공용하는 부분의 경우는 민법이 명문으로 공유물분할청구를 금지하고 있다. ( ) ▸ 2020

10 경계에 설치된 담이 공유인 경우, 공유자는 그 **분할을 청구할 수 있다**. ( ) ▸ 2024

정답 01 ○ 02 ○ 03 ○ 04 ○ 05 ○ 06 ○ 07 ○ 08 ○ 09 ○ 10 ×

제269조【분할의 방법】

① 분할의 방법에 관하여 **협의**가 성립되지 아니한 때에는 공유자는 **법원에 그 분할을 청구**할 수 있다.

② **현물로 분할**할 수 없거나 분할로 인하여 현저히 그 가액이 감손될 염려가 있는 때에는 법원은 물건의 경매를 명할 수 있다.

OX Check Point

1 공유물분할에 관한 협의가 성립하였으나 분할협의에 따른 지분이전등기에 협조하지 않으면 **공유물분할의 소를 제기할 수 있다**. ( ) ▸ 2015, 2024

2 공유물분할의 조정절차에서 공유자 사이에 현물분할의 **협의가 성립하여** 조정조서가 작성된 때에는 **그 즉시 공유관계가 소멸한다**. ( ) ▸ 2016, 2023

3 등기부상의 지분과 실제의 지분이 다르고 새로운 이해관계를 가진 제3자가 없다면, 공유물분할소송에서 공유자들 간에는 특별한 사정이 없는 한 실제의 지분에 따라 공유토지를 분할하여야 한다. ( ) ▸ 2017

4 공유물분할청구의 소에서 법원은 원칙적으로 공유물분할을 청구하는 원고가 구하는 방법에 구애받지 않고 재량에 따라 합리적 방법으로 분할을 명할 수 있다. ( ) ▸ 2022

5 재판에 의한 공유물분할은 현물분할이 원칙이다. ( ) ▸ 2021

6 공유토지를 현물분할하는 경우에 반드시 공유지분의 비율대로 토지 면적을 분할해야 하는 것은 아니다. ( ) ▸ 2021

7 공유물분할의 소에서 법원은 공유물을 공유자 1인의 단독소유로 하고 나머지 공유자들에게 지분에 대한 합리적인 가액을 지급하도록 할 수 있다. ( ) ▸ 2024

8 공유물분할의 효과는 원칙적으로 소급하지 않는다. ( ) ▸ 2017

정답 01 × 02 × 03 ○ 04 ○ 05 ○ 06 ○ 07 ○ 08 ○

제270조【분할로 인한 담보책임】
공유자는 다른 공유자가 분할로 인하여 취득한 물건에 대하여 그 지분의 비율로 매도인과 동일한 담보책임이 있다. ▸ 2015

OX Check Point

1 합의에 의한 공유물 분할의 경우, 공유자는 다른 공유자가 취득한 물건에 대하여 그 지분의 비율로 매도인과 동일한 담보책임이 있다. ( ) ▸ 2019

정답 01 O

제271조【물건의 합유】
① 법률의 규정 또는 계약에 의하여 수인이 조합체로서 물건을 소유하는 때에는 합유로 한다. 합유자의 권리는 합유물 전부에 미친다.
② 합유에 관하여는 전항의 규정 또는 계약에 의하는 외에 다음 3조의 규정에 의한다.

제272조【합유물의 처분, 변경과 보존】
합유물을 처분 또는 변경함에는 합유자 전원의 동의가 있어야 한다. 그러나 보존행위는 각자가 할 수 있다.

OX Check Point

1 조합재산이 아닌 합유물을 처분하기 위해서는 합유자 전원의 동의가 있어야 한다. ( ) ▸ 2015

2 합유물에 대한 보존행위는 합유자 전원의 동의를 요하지 않는다. ( ) ▸ 2023

3 합유물에 관하여 경료된 무효의 소유권이전등기 말소청구는 특별한 사정이 없는 한, 합유자 각자가 할 수 있다. ( ) ▸ 2018

정답 01 O 02 O 03 O

제273조【합유지분의 처분과 합유물의 분할금지】
① 합유자는 **전원의 동의 없이** 합유물에 대한 **지분을 처분하지 못한다.**
② 합유자는 합유물의 분할을 청구하지 못한다.

OX Check Point

1 합유물의 지분을 처분하기 위해서는 합유자 전원의 동의가 있어야 한다. ( ) ▸ 2015
2 합유는 수인이 조합체로서 물건을 소유하는 형태이고, 조합원은 자신의 지분을 조합원 전원의 동의 없이 처분할 수 없다. ( ) ▸ 2023
3 부동산에 대한 합유지분의 포기는 형성권의 행사이므로 **등기하지 않더라도** 포기의 효력이 생긴다. ( ) ▸ 2019

정답 01 ○ 02 ○ 03 ×

제274조【합유의 종료】
① 합유는 조합체의 해산 또는 합유물의 양도로 인하여 종료한다.
② 전항의 경우에 합유물의 분할에 관하여는 공유물의 분할에 관한 규정을 준용한다.

제275조【물건의 총유】
① 법인이 아닌 사단의 사원이 집합체로서 물건을 소유할 때에는 총유로 한다.
▸ 2019, 2023
② 총유에 관하여는 사단의 정관 기타 규약에 의하는 외에 다음 2조의 규정에 의한다.

OX Check Point

1 비법인사단인 주택조합이 주체가 되어 신축 완공한 건물로서 일반에게 분양되는 부분은 조합원 전원의 총유에 속한다. ( ) ▸ 2021

정답 01 ○

제276조【총유물의 관리, 처분과 사용, 수익】
① 총유물의 **관리 및 처분**은 **사원총회의 결의**에 의한다. ▸2015
② 각 사원은 정관 기타의 규약에 좇아 총유물을 사용, 수익할 수 있다.

OX Check Point

1 정관이나 규약에 정함이 없는 이상 사원총회의 결의를 거치지 않은 총유물의 관리 및 처분행위는 무효이다. ( ) ▸2017, 2019, 2023

2 비법인사단의 대표자가 총회의 결의를 거치지 않고 총유물을 권한 없이 처분한 경우에는 권한을 넘은 표현대리에 관한 민법 제126조가 준용되지 않는다. ( ) ▸2021

3 비법인사단이 **총유물에 관한 매매계약을 체결하는 행위**는 총유물의 **처분행위가 아니다**. ( ) ▸2021

4 비법인사단이 타인 간의 **금전채무를 보증하는 행위**는 총유물의 **관리·처분행위이므로** 사원총회의 결의를 요한다. ( ) ▸2018, 2019, 2021
∵ 단순한 채무부담행위에 불과

5 매매계약에 의하여 부담하고 있는 채무의 존재를 인식하고 있다는 뜻을 표시함에 불과한 소멸시효 중단사유로서의 승인은 총유물의 관리·처분행위라고 볼 수 없다. ( ) ▸2015

6 비법인사단이 채무를 승인하여 소멸시효를 중단시키는 것은 사원총회의 결의를 요하는 총유물의 관리·처분행위가 아니다. ( ) ▸2023

7 규약에 달리 정한 바가 없으면, 종중이 그 명의로 총유재산에 대한 **보존행위**로서 소송을 하기 위해서 종중총회의 결의를 **거쳐야 하는 것은 아니다**. ( ) ▸2015

8 총유물의 보존행위는 특별한 사정이 없는 한 구성원이 단독으로 결정할 수 없다. ( ) ▸2021

9 비법인사단의 대표자는 총유재산에 관한 소송에서 단독으로 당사자가 될 수 없다. ( ) ▸2021

정답 01 ○ 02 ○ 03 × 04 × 05 ○ 06 ○ 07 × 08 ○ 09 ○

第277条【총유물에 관한 권리의무의 득상】
총유물에 관한 사원의 권리의무는 사원의 지위를 취득상실함으로써 취득상실된다.

第278条【준공동소유】
본절의 규정은 소유권 이외의 재산권에 준용한다. 그러나 다른 법률에 특별한 규정이 있으면 그에 의한다.

Chapter 04

지상권

제279조【지상권의 내용】

지상권자는 **타인**의 토지에 건물 기타 **공**작물이나 **수**목을 **소유**하기 위하여 그 토지를 **사용**하는 권리가 있다.

OX Check Point

약정지상권

1 지상권 설정계약에서 지료의 지급에 대한 약정이 없더라도 지상권의 성립에는 영향이 없다. ( ) ▸ 2019, 2023

정답 01 ○

OX Check Point

담보지상권

1 토지에 저당권을 취득한 자가 그 토지 위에 차후 용익권이 설정되어 담보가치가 떨어지는 것을 막기 위하여 자신의 명의로 지상권을 설정한 경우 저당권의 피담보채권이 변제로 소멸하면 지상권도 소멸한다. ( ) ▸ 2013, 2021 사례변형, 2024, 2025

2 나대지에 저당권을 설정한 당사자들이 그 목적 토지상에 저당권자 앞으로 저당토지의 담보가치 저감을 막기 위하여 지상권도 설정한 경우, 저당권의 피담보채권이 시효로 소멸하면 지상권도 소멸한다. ( ) ▸ 2018, 2021 사례변형

3 X 토지에 관하여 저당권을 취득함과 아울러 그 저당권의 담보가치를 확보하기 위하여 지상권을 취득하는 경우, 제3자가 지상권자 甲에게 대항할 수 있는 권원 없이 X 위에 건물을 신축하는 경우, 甲은 그 축조의 중지를 요구할 수 있다. ( ) ▸ 2021 사례변형

4 X 토지에 관하여 저당권을 취득함과 아울러 그 저당권의 담보가치를 확보하기 위하여 지상권을 취득하는 경우, 제3자가 X를 점유 · 사용하는 경우, 甲은 지상권의 침해를 이유로 **손해배상을 청구할 수 있다**. ( ) ▸ 2021 사례변형

정답 01 ○ 02 ○ 03 ○ 04 ×

OX Check Point

관습상 법정지상권

1 토지소유자가 토지 매도 후 소유권이전등기 전에 매수인의 승낙 없이 그 토지에 건물을 신축한 경우, 관습법상 법정지상권이 인정되지 않는다. ( ) ▸ 2025

2 관습상의 법정지상권에서 건물은 등기가 되어 있지 않아도 무방하나, **무허가건물이 어서는 안 된다**. ( ) ▸ 2016, 2023

3 자신의 토지에 **미등기건물**을 건축한 자가 건물의 철거특약 없이 토지를 매도한 경우 관습법상 법정지상권이 인정되지 **않는다**. ( ) ▸ 2019, 2025

4 토지공유자 중 1인이 다른 공유자 지분 과반수의 **동의를 얻어** 건물을 건축한 후 토지와 건물의 소유자가 달라진 경우, **관습상의 법정지상권이 성립된다**. ( ) ▸ 2015. 2025

5 관습상 법정지상권이 성립하려면 토지와 그 지상건물이 애초부터 동일인의 소유에 속하였을 필요는 없고, 그 소유권이 유효하게 변동될 당시에 동일인이 토지와 그 지상 건물을 소유하였던 것으로 족하다. ( ) ▸ 2015

6 관습상 법정지상권이 성립하려면 토지와 그 지상건물이 **원시적으로** 동일인의 소유에 속하고 있어야 **한다**. ( ) ▸ 2018

7 토지 또는 그 지상 건물의 소유권이 강제경매절차로 인하여 매수인에게 이전된 경우, **매수인의 매각대금 완납 시를 기준으로** 토지와 그 지상 건물이 동일인 소유에 속하였는지 여부를 판단하여야 한다. ( ) ▸ 2022

8 건물에 대한 경매개시결정 후 매수인의 매각대금완납 전에 그 건물과 대지가 동일인에게 속하게 된 경우, 관습법상 법정지상권이 인정되지 않는다. ( ) ▸ 2025

9 가압류 후 본 압류 및 **강제경매**가 이루어지는 경우 관습상 법정지상권의 요건으로 '토지와 그 지상 건물이 동일인 소유'인지 여부는 가압류의 효력 발생 시를 기준으로 한다. ( ) ▸ 2016, 2019

10 **환지처분**으로 인하여 토지와 그 지상건물의 소유자가 달라진 경우에도 관습상 법정지상권은 인정될 수 **있다**. ( ) ▸ 2018

11 **구분소유적 공유관계**에 있는 자가 자신의 특정 소유가 아닌 부분에 신축한 건물을 **제3자에게** 양도한 경우에 관습상 법정지상권이 **성립한다**. ( ) ▸ 2016

12 토지와 그 지상건물의 소유자가 달라질 때, 토지의 사용에 대하여 당사자 사이에 특약이 있는 경우, 관습상 법정지상권은 인정될 수 없다. ( ) ▸ 2018

13 관습상의 법정지상권이 성립하였으나 건물 소유자가 토지 소유자와 건물의 소유를 목적으로 하는 토지 임대차계약을 체결한 경우, 그 관습상의 법정지상권은 포기된 것으로 보아야 한다. ( ) ▸ 2015, 2022

14 대지와 건물의 소유자가 건물만을 매도하였으나 매수인이 그 건물의 소유를 위하여 매도인과 대지에 관한 임대차계약을 체결하였다면, 특별한 사정이 없는 한 위 매수인은 대지에 관한 관습법상 법정지상권을 포기한 것으로 볼 수 있다. ( ) ▸ 2019

15 관습상의 법정지상권 발생을 배제하는 특약의 존재에 관한 주장·증명책임은 그 특약의 존재를 주장하는 측에 있다. ( ) ▸ 2022

16 미등기건물을 **그 대지와 함께 매도**하여 대금이 완납되었으나 건물이 미등기인 관계로 대지에 관하여만 매수인 앞으로 소유권이전등기가 경료된 경우, 매도인에게 관습상의 법정지상권은 인정되지 않는다. ( ) ▸ 2015, 2020

17 나대지상에 **채권담보를 위한 가등기**가 경료된 후에 대지소유자가 그 지상에 건물을 신축하였고, 그 후에 가등기에 기한 본등기가 경료되어 대지와 건물의 소유자가 달라진 경우 **관습상 법정지상권이 성립될 수 있다**. ( ) ▸ 2018, 2025

18 건물의 소유를 위한 관습법상 법정지상권을 취득한 자는 이를 취득할 당시의 토지소유자나 이로부터 토지소유권을 전득한 제3자에게 대하여도 등기 없이 그 지상권을 주장할 수 있다. ( ) ▸ 2019, 2022

19 관습법상 법정지상권에 기한 대지점유는 정당한 것이므로 불법점유를 전제로 한 손해 배상청구는 성립할 여지가 없다. ( ) ▸ 2019

20 관습상의 법정지상권이 성립한 후에 건물이 증축된 경우, 그 법정지상권의 범위는 구건물을 기준으로 그 유지·사용을 위하여 일반적으로 필요한 범위 내의 대지 부분에 한정된다. ( ) ▸ 2022

정답									
01 ○	02 ×	03 ×	04 ×	05 ○	06 ×	07 ×	08 ○	09 ○	10 ×
11 ×	12 ○	13 ○	14 ○	15 ○	16 ○	17 ×	18 ○	19 ○	20 ○

OX Check Point

분묘기지권

1 「장사 등에 관한 법률」이 시행된 후 설치된 분묘에 대해서는 더 이상 시효취득이 인정되지 않는다. ( ) ▸ 2021

2 「장사 등에 관한 법률」 시행 이전에 설치된 분묘에 관한 분묘기지권의 시효취득은 법적 규범으로 유지되고 있다. ( ) ▸ 2021, 2023

3 분묘기지권을 시효취득하는 경우에는 특약이 없는 한 지료를 지급할 필요가 **없다**. ( ) ▸ 2021

4 분묘가 일시적으로 멸실되어도 유골이 존재하여 분묘의 원상회복이 가능하다면 분묘기지권은 존속한다. ( ) ▸ 2021

5 분묘기지권이 인정되는 분묘를 다른 곳에 이장하면 그 분묘기지권은 소멸한다. ( ) ▸ 2021

정답 01 ○ 02 ○ 03 × 04 ○ 05 ○

第280조【존속기간을 약정한 지상권】

① 계약으로 지상권의 존속기간을 정하는 경우에는 그 기간은 다음 연한보다 **단축하지 못한다**.

1. 석조, 석회조, 연와조 또는 이와 유사한 **견고한 건물**이나 **수목**의 소유를 목적으로 하는 때에는 **30년**
2. 전호 이외의 건물의 소유를 목적으로 하는 때에는 15년
3. 건물 이외의 공작물의 소유를 목적으로 하는 때에는 5년

② 전항의 기간보다 단축한 기간을 정한 때에는 전항의 기간까지 연장한다.

OX Check Point

1 수목의 소유를 목적으로 한 지상권의 최단존속기간은 30년이다. ( ) ▸ 2015, 2023

2 기존 건물의 사용을 목적으로 설정된 지상권은 그 존속기간을 30년 미만으로 정할 수 있다. ( ) ▸ 2024

정답 01 ○ 02 ○

第281조【존속기간을 약정하지 아니한 지상권】

① 계약으로 지상권의 존속기간을 정하지 아니한 때에는 그 기간은 전조의 최단존속기간으로 한다.

② 지상권설정 당시에 공작물의 종류와 구조를 정하지 아니한 때에는 지상권은 전조 제2호의 건물의 소유를 목적으로 한 것으로 본다.

제282조【지상권의 양도, 임대】
지상권자는 타인에게 그 권리를 양도하거나 그 권리의 존속기간 내에서 그 토지를 임대할 수 있다. ▸ 2015

OX Check Point

1 건물의 소유를 목적으로 하는 지상권의 양도는 토지소유자의 **동의를 요한다**. ( ) ▸ 2023

2 양도가 금지된 지상권의 양수인은 양수한 지상권으로 지상권설정자에게 대항할 수 있다. ( ) ▸ 2024

3 지상권자는 그 권리의 존속기간 내에서 그 토지를 임대할 수 있다. ( ) ▸ 2018, 2019

정답 01 × 02 ○ 03 ○

제283조【지상권자의 갱신청구권, 매수청구권】
① 지상권이 소멸한 경우에 건물 기타 **공작물이나 수목**이 **현존한 때**에는 **지상권자는** 계약의 **갱신**을 청구할 수 있다.
② 지상권설정자가 계약의 **갱신을 원하지 아니하는 때**에는 지상권자는 상당한 가액으로 전항의 공작물이나 수목의 **매수**를 청구할 수 있다.

OX Check Point

1 수목의 소유를 목적으로 하는 지상권이 존속기간의 만료로 소멸한 경우, 특약이 없는 한 지상권자가 존속기간 중 심은 수목의 소유권은 **지상권설정자에게** 귀속된다. ( ) ▸ 2024

2 지료연체를 이유로 한 지상권소멸청구에 의해 지상권이 소멸하더라도 지상물매수청구권은 **인정된다**. ( ) ▸ 2019

3 지상권매수청구권은 형성권이다. ( ) ▸ 2023

정답 01 × 02 × 03 ○

第284조【갱신과 존속기간】
당사자가 계약을 갱신하는 경우에는 지상권의 존속기간은 갱신한 날부터 제280조의 최단존속기간보다 단축하지 못한다. 그러나 당사자는 이보다 장기의 기간을 정할 수 있다.

第285조【수거의무, 매수청구권】
① 지상권이 소멸한 때에는 지상권자는 건물 기타 공작물이나 수목을 수거하여 토지를 원상에 회복하여야 한다.
② 전항의 경우에 **지상권설정자**가 상당한 가액을 제공하여 그 공작물이나 수목의 **매수**를 청구한 때에는 지상권자는 정당한 이유 없이 이를 거절하지 못한다.

OX Check Point

1 지상권이 소멸한 경우 특별한 사정이 없는 한, 지상권자는 건물 기타 공작물이나 수목을 수거하여 토지를 원상에 회복하여야 한다. ( ) ▸ 2018

2 지상권이 소멸한 경우에 지상권설정자가 상당한 가액을 제공하여 그 토지에 현존하는 공작물이나 수목의 매수를 청구한 때에는 지상권자는 정당한 이유 없이 이를 거절하지 못한다. ( ) ▸ 2015

정답 01 ○ 02 ○

第286조【지료증감청구권】
지료가 토지에 관한 조세 기타 부담의 증감이나 지가의 변동으로 인하여 상당하지 아니하게 된 때에는 당사자는 그 증감을 청구할 수 있다.

제287조【지상권소멸청구권】

지상권자가 **2년 이상의 지료**를 지급하지 **아니한 때**에는 지상권설정자는 지상권의 **소멸을 청구할 수 있다.** ▸ 2019

OX Check Point

1 지상권자의 지료지급이 토지소유권의 양도 전후에 걸쳐 2년 이상 연체된 경우, **토지양수인에 대한 연체기간이 2년이 되지 않더라도** 토지양수인은 지상권소멸청구를 할 수 있다. ( ) ▸ 2018, 2024

정답 01 ×

제288조【지상권소멸청구와 저당권자에 대한 통지】

지상권이 저당권의 목적인 때 또는 그 토지에 있는 건물, 수목이 저당권의 목적이 된 때에는 전조의 청구는 저당권자에게 통지한 후 상당한 기간이 경과함으로써 그 효력이 생긴다.

OX Check Point

1 지상권에 저당권이 설정된 경우 지상권설정자의 지상권소멸청구는 그 저당권자에게 통지한 후 상당한 기간이 경과해야 효력이 생긴다. ( ) ▸ 2025

정답 01 ○

제289조【강행규정】

제280조부터 **제287조**의 규정에 위반되는 계약으로 **지상권자에게** 불리한 것은 그 효력이 없다.

OX Check Point

1 지상권자가 2년 이상의 지료를 지급하지 아니한 때에는 지상권설정자는 지상권의 소멸을 청구할 수 있으나, **당사자의 약정으로 그 기간을 단축할 수 있다**. ( ) ▸ 2015

정답 01 ×

제289조의2【구분지상권】

① 지하 또는 지상의 공간은 상하의 범위를 정하여 **건물 기타 공작물**을 소유하기 위한 지상권의 목적으로 할 수 있다. 이 경우 설정행위로써 지상권의 행사를 위하여 토지의 사용을 제한할 수 있다.

② 제1항의 규정에 의한 구분지상권은 제3자가 토지를 사용·수익할 권리를 가진 때에도 그 권리자 및 그 권리를 목적으로 하는 권리를 가진 자 전원의 승낙이 있으면 이를 설정할 수 있다. 이 경우 토지를 사용·수익할 권리를 가진 제3자는 그 지상권의 행사를 방해하여서는 아니 된다.

OX Check Point

1 타인의 토지의 지하 또는 지상의 공간을 상하의 범위를 정하여 사용할 수 있는 권리를 물권으로 취득하는 것도 허용된다. ( ) ▸ 2015, 2018. 2023

2 지상권이 설정된 토지의 소유자는 그 **지상권자의 승낙 없이** 그 토지 위에 구분지상권을 설정할 수 **있다**. ( ) ▸ 2023

3 **지상권자는** 제3자에게 구분지상권을 설정해 줄 수 **있다**. ( ) ▸ 2025

4 구분지상권의 존속기간을 영구적인 것으로 약정하는 것은 허용된다. ( ) ▸ 2019

정답 01 ○ 02 × 03 × 04 ○

제290조【준용규정】

① **제213조, 제214조, 제216조부터 제244조**의 규정은 지상권자 간 또는 지상권자와 인지소유자 간에 이를 준용한다.

② 제280조 내지 제289조 및 제1항의 규정은 제289조의2의 규정에 의한 구분지상권에 관하여 이를 준용한다.

OX Check Point

1 지상권자 상호 간에도 상린관계에 관한 규정이 준용된다. ( ) ▸ 2023

정답 01 O

Chapter

05 지역권

제291조【지역권의 내용】

지역권자는 일정한 목적을 위하여 **타인**의 토지를 자기 **토지의 편익**에 **이용**하는 권리가 있다. ▸ 2018

OX Check Point

1 지역권은 **점유를 요건**으로 하는 물권이다. ( ) ▸ 2020

2 지역권은 요역지의 사용가치를 높이기 위해 승역지를 이용하는 것을 내용으로 하는 물권이다. ( ) ▸ 2023

3 통행지역권은 **지료의 약정**을 성립요건으로 한다. ( ) ▸ 2020

4 요역지와 승역지는 반드시 서로 인접할 필요가 없다. ( ) ▸ 2016, 2023

5 1필의 토지 일부를 승역지로 하여 지역권을 설정할 수 있다. ( ) ▸ 2017

6 지역권설정계약에 의한 지역권 취득은 등기하여야 그 효력이 생긴다. ( ) ▸ 2015

7 지역권설정등기는 승역지의 등기부 을구에 기재된다. ( ) ▸ 2016

8 민법상 지역권의 **존속기간은 최장 30년이지만** 갱신할 수 있고, 이를 등기하여 제3자에 대항할 수 있다. ( ) ▸ 2016

정답 01 × 02 ○ 03 × 04 ○ 05 ○ 06 ○ 07 ○ 08 ×

제292조【부종성】

① 지역권은 요역지 소유권에 부종하여 이전하며 또는 요역지에 대한 소유권 이외의 권리의 목적이 된다. **그러나 다른 약정이 있는 때에는 그 약정에 의한다.**

② 지역권은 **요역지와 분리**하여 **양도**하거나 다른 권리의 목적으로 하지 못한다.

OX Check Point

1 요역지 소유권과 지역권이 함께 이전되지 않도록 하는 약정은 유효하며 이를 등기할 수 있다. ( ) ▸ 2025

2 지역권은 요역지와 분리하여 다른 권리의 목적으로 **할 수 있다**. ( ) ▸ 2015, 2018

3 지역권은 요역지와 분리하여 양도하지 못한다. ( ) ▸ 2017

4 지역권은 독립하여 **양도 · 처분할 수 있는 물권이다**. ( ) ▸ 2020

정답 01 ○ 02 × 03 ○ 04 ×

제293조【공유관계, 일부양도와 불가분성】

① 토지공유자의 1인은 지분에 관하여 그 토지를 위한 지역권 또는 그 토지가 부담한 지역권을 소멸하게 하지 못한다.

② 토지의 분할이나 토지의 일부양도의 경우에는 지역권은 요역지의 각 부분을 위하여 또는 그 승역지의 각 부분에 존속한다. 그러나 지역권이 토지의 일부분에만 관한 것인 때에는 다른 부분에 대하여는 그러하지 아니하다.

OX Check Point

1 토지공유자의 1인은 지분에 관하여 그 토지를 위한 지역권 또는 그 토지가 부담한 지역권을 소멸하게 **할 수 있다**. ( ) ▸ 2018

정답 01 ×

제294조【지역권 취득기간】
지역권은 **계속되고 표현된 것에 한하여** 제245조의 규정을 준용한다.

OX Check Point

1 지역권은 계속되고 표현된 것에 한하여 시효취득할 수 있다. (　) ▸ 2015, 2023, 2024

2 통행지역권의 시효취득을 위하여 지역권이 계속되고 표현되면 충분하고 **승역지 위에 통로를 개설할 필요는 없다**. (　) ▸ 2020

3 통행지역권의 점유취득시효는 승역지 위에 도로를 설치하여 늘 사용하는 객관적 상태를 전제로 한다. (　) ▸ 2022

4 통행지역권을 시효취득한 요역지소유자는, 특별한 사정이 없으면 승역지의 사용으로 그 소유자가 입은 손해를 보상하여야 한다. (　) ▸ 2017, 2020, 2022, 2025

정답 01 ○ 02 × 03 ○ 04 ○

제295조【취득과 불가분성】
① 공유자의 1인이 지역권을 **취득**한 때에는 다른 공유자도 이를 취득한다. ▸ 2016

② 점유로 인한 지역권취득기간의 중단은 지역권을 행사하는 모든 공유자에 대한 사유가 아니면 그 효력이 없다. ▸ 2018, 2022

OX Check Point

1 요역지가 공유인 경우 요역지의 공유자 1인이 지역권을 취득하면 다른 공유자도 이를 취득한다. (　) ▸ 2017

정답 01 ○

제296조【소멸시효의 중단, 정지와 불가분성】
요역지가 수인의 공유인 경우에 그 1인에 의한 지역권 소멸시효의 중단 또는 정지는 다른 공유자를 위하여 효력이 있다.

OX Check Point

1 요역지가 수인의 공유인 경우에 그 공유자 1인에 의한 지역권 소멸시효의 중단은 다른 공유자를 위하여 효력이 있다. (　) ▸ 2015, 2022, 2025

2 요역지 공유자 중 1인에 대한 지역권 소멸시효의 정지는 다른 공유자를 위하여도 효력이 있다. (　) ▸ 2023

정답 01 ○ 02 ○

제297조【용수지역권】
① 용수승역지의 수량이 요역지 및 승역지의 수요에 부족한 때에는 그 수요정도에 의하여 먼저 가용에 공급하고 다른 용도에 공급하여야 한다. 그러나 설정행위에 다른 약정이 있는 때에는 그 약정에 의한다.
② 승역지에 수 개의 용수지역권이 설정된 때에는 후순위의 지역권자는 선순위의 지역권자의 용수를 방해하지 못한다. ▸ 2015

OX Check Point

1 동일한 승역지 위에 수 개의 용수지역권이 설정될 수 있다. (　) ▸ 2025

정답 01 ○

第298条【승역지 소유자의 의무와 승계】

계약에 의하여 승역지 소유자가 자기의 비용으로 지역권의 행사를 위하여 공작물의 설치 또는 수선의 의무를 부담한 때에는 승역지 소유자의 특별승계인도 그 의무를 부담한다.

OX Check Point

1 승역지 소유자가 지역권자의 지역권 행사를 위하여 공작물 수선의무를 부담하기로 한 경우 승역지 소유자의 특별승계인도 그 의무를 부담한다. ( ) ▸ 2018, 2025

정답 01 ○

第299条【위기(委棄)에 의한 부담면제】

승역지의 소유자는 지역권에 필요한 부분의 토지소유권을 지역권자에게 위기하여 전조의 부담을 면할 수 있다.

OX Check Point

1 승역지 소유자는 지역권에 필요한 부분의 토지소유권을 지역권자에게 위기(委棄)함으로써 지역권행사를 위하여 계약상 부담하는 공작물 수선의무를 면할 수 있다. ( ) ▸ 2017

정답 01 ○

제300조【공작물의 공동사용】

① 승역지의 소유자는 지역권의 행사를 방해하지 아니하는 범위 내에서 지역권자가 지역권의 행사를 위하여 승역지에 설치한 공작물을 사용할 수 있다.

② 전항의 경우에 승역지의 소유자는 수익정도의 비율로 공작물의 설치, 보존의 비용을 분담하여야 한다.

제301조【준용규정】

제214조의 규정은 지역권에 준용한다.

OX Check Point

1 지역권자는 승역지의 점유침탈이 있는 경우, 지역권에 기하여 승역지 반환청구권을 행사할 수 있다. ( ) ▸ 2023

2 지역권자는 지역권을 방해하는 자에 대하여 방해의 제거를 청구할 수 있다. ( ) ▸ 2022

3 지역권자는 지역권을 방해할 염려 있는 행위를 하는 자에 대하여 그 예방을 청구할 수 있다. ( ) ▸ 2016

정답 01 × 02 ○ 03 ○

제302조【특수지역권】

어느 지역의 주민이 집합체의 관계로 각자가 타인의 토지에서 초목, 야생물 및 토사의 채취, 방목 기타의 수익을 하는 권리가 있는 경우에는 관습에 의하는 외에 본장의 규정을 준용한다.

Chapter 06

전세권

제303조【전세권의 내용】

① 전세권자는 **전세금을 지급**하고 타인의 **부동산을 점유**하여 그 부동산의 용도에 좇아 사용·수익하며, 그 부동산 전부에 대하여 후순위권리자 기타 채권자보다 **전세금의 우선변제를 받을 권리**가 있다.

② 농경지는 전세권의 목적으로 하지 못한다.

OX Check Point

1 **목적물의 인도**는 전세권의 **성립요건이다**. (   ) ▸ 2020

2 전세금의 지급은 전세권 성립의 요소이다. (   ) ▸ 2022, 2023

3 전세권을 설정하는 때에는 전세금이 **반드시 현실적으로 수수되어야 한다**. (   ) ▸ 2021

4 전세금의 지급이 전세권의 성립요소이기는 하지만, 기존의 채권으로 전세금의 지급에 갈음할 수도 있다. (   ) ▸ 2019, 2022, 2024

5 임대차계약에 따른 임대차보증금반환채권을 담보할 목적으로 임차인과 임대인 사이의 합의에 따라 임차인 명의로 전세권설정등기를 마친 경우 그 전세권설정등기는 유효하다. (   ) ▸ 2025

6 전세권자는 전세권이 설정된 부동산 전부에 대하여 후순위 권리자나 그 밖의 일반 채권자보다 전세금의 우선변제를 받을 권리가 있다. (   ) ▸ 2018

7 전세권은 용익물권적 성격과 담보물권적 성격을 겸비하고 있다. (   ) ▸ 2018

8 전세권 설정계약의 당사자는 전세권의 사용·수익권능을 배제하고 채권담보만을 위한 전세권을 설정할 수 **있다**. (   ) ▸ 2023

9 당사자가 채권담보의 목적으로 전세권을 설정하였으나 설정과 동시에 목적물을 인도하지 않았다면, 장차 전세권자가 목적물을 사용·수익하기로 하였더라도 그 전세권은 **무효이다**. (   ) ▸ 2024

10 전세권 존속기간이 시작되기 전에 마친 전세권설정등기도 특별한 사정이 없는 한 유효한 것으로 추정된다. (   ) ▸ 2024

11 전세권의 존속기간이 시작되기 전에 마친 전세권설정등기는 특별한 사정이 없는 한 그 기간이 시작되기 전에는 **무효이다**. ( ) ▸ 2021

12 전세권이 존속하는 중에 전세권자는 전세권을 그대로 둔 채 전세금반환채권만을 확정적으로 양도하지 못한다. ( ) ▸ 2020

13 전세권 존속 중에는 장래에 그 전세권이 소멸하는 경우에 전세금반환채권이 발생하는 것을 조건으로 그 장래의 조건부채권을 양도할 수 있다. ( ) ▸ 2018

14 전세권이 성립한 후 전세목적물의 소유권이 이전된 경우, 전세권은 전세권자와 목적물의 소유권을 취득한 신 소유자 사이에서 동일한 내용으로 존속한다. ( ) ▸ 2015, 2021

15 전세목적물이 처분된 때에도 전세권을 설정한 **양도인이 전세권관계에서 생기는 권리·의무의 주체이다**. ( ) ▸ 2020

16 전세권이 갱신 없이 존속기간이 만료되면 그 용익물권적 권능은 전세권설정등기의 말소 없이도 소멸한다. ( ) ▸ 2015, 2016, 2017, 2024

17 전세권은 전세권설정등기의 말소등기 없이 전세기간의 만료로 당연히 소멸하지만, 전세권저당권이 설정된 때에는 **그렇지 않다**. ( ) ▸ 2020

18 전세권이 존속기간 만료로 종료된 경우, 전세권저당권자는 전세권 자체에 대하여 저당권을 실행할 수 없게 된다. ( ) ▸ 2016

19 전세권저당권이 설정된 경우, 제3자의 압류 등 다른 사정이 없으면 전세권이 기간만료로 소멸한 때에 전세권설정자는 **저당권자에게** 전세금을 지급하여야 한다. ( ) ∵ 전세권자에 대하여만 ▸ 2020

20 농경지를 전세권의 목적으로 할 수 **있다**. ( ) ▸ 2022

정답 01 × 02 ○ 03 × 04 ○ 05 ○ 06 ○ 07 ○ 08 × 09 × 10 ○
11 × 12 ○ 13 ○ 14 ○ 15 × 16 ○ 17 × 18 ○ 19 × 20 ×

제304조【건물의 전세권, 지상권, 임차권에 대한 효력】
① 타인의 토지에 있는 **건물에 전세권을 설정**한 때에는 전세권의 효력은 그 건물의 소유를 목적으로 한 지상권 또는 임차권에 미친다.
② 전항의 경우에 전세권설정자는 전세권자의 동의 없이 지상권 또는 임차권을 소멸하게 하는 행위를 하지 못한다.

OX Check Point

1 타인의 토지에 있는 건물에 설정된 전세권의 효력은 그 건물의 소유를 목적으로 한 토지임차권에도 미친다. ( ) ▸ 2016

2 타인의 토지에 있는 건물에 전세권을 설정한 경우 전세권의 효력은 그 건물의 소유를 목적으로 한 지상권에는 **미치지 않는다**. ( ) ▸ 2018, 2022

3 건물전세권설정자가 건물의 존립을 위한 토지사용권을 가지지 못하여 그가 토지소유자의 건물철거 등 청구에 대항할 수 없는 경우, 전세권자는 토지소유자의 권리행사에 대항할 수 없다. ( ) ▸ 2022

4 지상권을 가지는 건물소유자가 그 건물에 전세권을 설정하였으나 그가 2년 이상의 지료를 지급하지 아니하였음을 이유로 지상권설정자가 지상권의 소멸을 청구한 경우, **전세권자의 동의가 없다면 지상권은 소멸되지 않는다**. ( ) ▸ 2022

정답 01 ○ 02 × 03 ○ 04 ×

제305조【건물의 전세권과 법정지상권】

① 대지와 건물이 동일한 소유자에 속한 경우에 건물에 전세권을 설정한 때에는 그 대지소유권의 특별승계인은 **전세권설정자에 대하여** 지상권을 설정한 것으로 **본다**. 그러나 지료는 당사자의 청구에 의하여 법원이 이를 정한다.

② 전항의 경우에 대지소유자는 타인에게 그 대지를 임대하거나 이를 목적으로 한 지상권 또는 전세권을 설정하지 못한다.

OX Check Point

1 대지와 건물이 동일한 소유자에 속한 경우에 건물에 전세권을 설정한 때에는 그 대지소유권의 특별승계인은 전세권설정자에 대하여 지상권을 설정한 것으로 본다. ( ) ▸ 2015, 2022

2 동일인 소유의 토지와 건물 중 건물에 전세권이 설정된 후 토지소유자가 바뀐 경우, 건물소유자가 그 토지에 대하여 지상권을 취득한 것으로 본다. ( ) ▸ 2023

정답 01 ○ 02 ○

제306조【전세권의 양도, 임대 등】

전세권자는 전세권을 타인에게 양도 또는 담보로 제공할 수 있고 그 존속기간 내에서 그 목적물을 타인에게 전전세 또는 임대할 수 있다. 그러나 설정행위로 이를 금지한 때에는 그러하지 아니하다.

OX Check Point

1 전세권자는 전세권설정계약에 다른 약정이 없는 한 전세권설정자의 동의 없이 전전세를 할 수 있다. ( ) ▸ 2015, 2023

정답 01 ○

제307조【전세권양도의 효력】
전세권양수인은 전세권설정자에 대하여 전세권양도인과 동일한 권리의무가 있다.

제308조【전전세 등의 경우의 책임】
전세권의 목적물을 전전세 또는 임대한 경우에는 전세권자는 전전세 또는 임대하지 아니하였으면 면할 수 있는 불가항력으로 인한 손해에 대하여 그 책임을 부담한다.

제309조【전세권자의 유지, 수선의무】
전세권자는 목적물의 현상을 유지하고 그 통상의 관리에 속한 수선을 하여야 한다.

OX Check Point

1 **전세권설정자는** 특약이 없는 한 목적물의 현상을 유지하고 그 통상의 관리에 속한 수선을 해야 한다. ( ) ▸ 2017

정답 01 ×

제310조【전세권자의 상환청구권】

① 전세권자가 목적물을 개량하기 위하여 지출한 금액 기타 **유익비**에 관하여는 그 가액의 증가가 현존한 경우에 한하여 **소유자의 선택**에 좇아 그 지출액이나 증가액의 상환을 청구할 수 있다.

② 전항의 경우에 법원은 소유자의 청구에 의하여 상당한 상환기간을 허여할 수 있다.

OX Check Point

1 전세권자는 전세권설정자에게 목적물의 현상을 유지하기 위하여 지출한 **필요비의 상환을 청구할 수 있다.** ( ) ▸ 2015, 2021

2 전세권자는 **필요비**(통상의 필요비) 및 유익비의 상환을 청구할 수 있다. ( ) ▸ 2016, 2019

정답 01 × 02 ×

제311조【전세권의 소멸청구】

① 전세권자가 전세권설정계약 또는 그 목적물의 성질에 의하여 정하여진 용법으로 이를 사용, 수익하지 아니한 경우에는 전세권설정자는 전세권의 소멸을 청구할 수 있다.

② 전항의 경우에는 전세권설정자는 전세권자에 대하여 원상회복 또는 손해배상을 청구할 수 있다.

OX Check Point

1 전세권자가 그 목적물의 성질에 의하여 정하여진 용법으로 이를 사용, 수익하지 아니한 경우에는 전세권설정자는 전세권의 소멸을 청구할 수 있다. ( ) ▸ 2018

2 전세권자가 소유자의 승낙 없이 전세권을 제3자에게 양도한 점만으로는 전세권에 대한 소멸청구사유가 되지 않는다. ( ) ▸ 2016

정답 01 ○ 02 ○

제312조【전세권의 존속기간】

① 전세권의 존속기간은 **10년을 넘지 못한다**. 당사자의 약정기간이 10년을 넘는 때에는 이를 10년으로 단축한다.

② **건물**에 대한 전세권의 존속기간을 1년 미만으로 정한 때에는 이를 **1년으로 한다**. ▸ 2022

③ 전세권의 설정은 이를 갱신할 수 있다. 그 기간은 갱신한 날부터 10년을 넘지 못한다.

④ **건물**의 전세권설정자가 전세권의 존속기간 만료 전 6개월부터 1개월까지 사이에 전세권자에 대하여 갱신거절의 통지 또는 조건을 변경하지 아니하면 갱신하지 아니한다는 뜻의 통지를 하지 아니한 경우에는 그 기간이 만료된 때에 전전세권과 동일한 조건으로 다시 전세권을 설정한 것으로 본다. 이 경우 전세권의 **존속기간**은 **그 정함이 없는 것**으로 **본다**.

OX Check Point

1 전세권의 존속기간은 10년을 넘지 못한다. ( ) ▸ 2019

2 **토지**전세권의 존속기간을 1년 미만으로 정한 때에는 이를 1년으로 한다. ( ) ▸ 2018

3 건물에 대한 전세권이 법정갱신되는 경우, **그 존속기간은 2년으로 본다**. ( ) ▸ 2017

4 건물전세권이 법정갱신된 경우, 전세권자는 등기 없이도 전세권설정자나 그 목적물을 취득한 제3자에 대하여 갱신된 권리를 주장할 수 있다. ( ) ▸ 2016, 2018

정답 01 ○ 02 × 03 × 04 ○

제312조의2【전세금 증감청구권】

전세금이 목적부동산에 관한 조세·공과금 기타 부담의 증감이나 경제사정의 변동으로 인하여 상당하지 아니하게 된 때에는 당사자는 장래에 대하여 그 증감을 청구할 수 있다. 그러나 증액의 경우에는 대통령령이 정하는 기준에 따른 비율을 초과하지 못한다.

OX Check Point

1 전세금이 경제사정의 변동으로 인하여 상당하지 아니하게 된 때에는 당사자는 장래에 대하여 그 증감을 청구할 수 있다. (　) ▸ 2022

정답 01 ○

제313조【전세권의 소멸통고】

전세권의 존속기간을 약정하지 아니한 때에는 각 당사자는 언제든지 상대방에 대하여 전세권의 소멸을 통고할 수 있고 상대방이 이 통고를 받은 날부터 6개월이 경과하면 전세권은 소멸한다.

OX Check Point

1 토지전세권의 존속기간을 약정하지 아니한 경우 각 당사자는 언제든지 상대방에 대하여 전세권의 소멸을 통고할 수 있다. (　) ▸ 2018

정답 01 ○

제314조【불가항력으로 인한 멸실】

① 전세권의 목적물의 전부 또는 일부가 불가항력으로 인하여 멸실된 때에는 그 멸실된 부분의 전세권은 소멸한다.

② 전항의 일부멸실의 경우에 전세권자가 그 잔존부분으로 전세권의 목적을 달성할 수 없는 때에는 전세권설정자에 대하여 전세권 전부의 소멸을 통고하고 전세금의 반환을 청구할 수 있다.

OX Check Point

1 전세권의 목적물의 일부가 불가항력으로 인하여 멸실된 때에는 그 멸실된 부분의 전세권은 소멸한다. ( ) ▸ 2016

정답 01 ○

제315조【전세권자의 손해배상책임】

① 전세권의 목적물의 전부 또는 일부가 **전세권자에 책임 있는 사유로** 인하여 멸실된 때에는 전세권자는 손해를 배상할 책임이 있다.

② 전항의 경우에 전세권설정자는 전세권이 소멸된 후 전세금으로써 손해의 배상에 충당하고 잉여가 있으면 반환하여야 하며 부족이 있으면 다시 청구할 수 있다.

OX Check Point

1 전세권자의 책임 **없는** 사유로 전세권의 목적물 전부가 멸실된 때에도 전세권자는 손해배상책임이 있다. ( ) ▸ 2017

2 전세권의 목적물의 전부 또는 일부가 전세권자에 책임 있는 사유로 인하여 멸실된 경우, 전세권설정자는 전세권이 소멸된 후 전세금으로써 손해의 배상에 충당할 수 있다. ( ) ▸ 2022

정답 01 × 02 ○

제316조【원상회복의무, 매수청구권】

① 전세권이 그 존속기간의 만료로 인하여 소멸한 때에는 전세권자는 그 목적물을 원상에 회복하여야 하며 그 목적물에 부속시킨 물건은 수거할 수 있다. 그러나 **전세권설정자**가 그 부속물건의 매수를 청구한 때에는 전세권자는 정당한 이유 없이 거절하지 못한다.

② 전항의 경우에 그 부속물건이 전세권설정자의 **동의를 얻어** 부속시킨 것인 때에는 **전세권자**는 전세권설정자에 대하여 그 부속물건의 매수를 청구할 수 있다. 그 부속물건이 전세권설정자로부터 **매수한 것**인 때에도 또한 같다.

OX Check Point

1 부속물매수청구권은 형성권이다. ( ) ▸ 2023

정답 01 ○

제317조【전세권의 소멸과 동시이행】

전세권이 소멸한 때에는 전세권설정자는 전세권자로부터 그 **목적물의 인도** 및 전세권설정등기의 말소등기에 필요한 서류의 교부를 받는 동시에 **전세금**을 반환하여야 한다.

OX Check Point

1 전세권이 소멸된 경우, 전세권자의 전세목적물의 인도는 **전세금의 반환보다 선이행되어야 한다**. ( ) ▸ 2023

정답 01 ×

제318조【전세권자의 경매청구권】
전세권설정자가 전세금의 반환을 지체한 때에는 전세권자는 민사집행법의 정한 바에 의하여 **전세권의 목적물**의 경매를 청구할 수 있다.

OX Check Point

1 건물의 일부에 대하여만 전세권이 설정되어 있는 경우에 그 전세권자는 건물 전부의 경매를 청구할 수 없다. ( ) ▸ 2016

2 건물의 일부에 대하여 전세권이 설정되어 있는 경우, 그 전세권의 목적이 된 부분이 구조상 또는 이용상 독립성이 없어 그 부분만의 경매신청이 불가능하다고 하더라도, 이를 이유로 전세권의 목적물이 아닌 나머지 건물부분에 대하여 그 전세권에 기한 경매신청을 할 수 없다. ( ) ▸ 2015, 2021, 2023

정답 01 ○ 02 ○

제319조【준용규정】
제213조, 제214조, **제216조 내지 제244조의 규정**은 전세권자 간 또는 전세권자와 인지소유자 및 지상권자 간에 이를 준용한다.

OX Check Point

1 전세권자와 인지(隣地)소유자 사이에도 상린관계에 관한 규정이 준용된다. ( ) ▸ 2019

정답 01 ○

Chapter 07

유치권

제320조【유치권의 내용】

① **타인**의 **물건** 또는 유가증권을 **점유한 자**는 **그 물건**이나 유가증권에 **관하여 생긴 채권**이 **변제기**에 있는 경우에는 변제를 받을 때까지 그 물건 또는 유가증권을 **유치할 권리**가 있다.

② 전항의 규정은 그 점유가 불법행위로 인한 경우에 적용하지 아니한다.

OX Check Point

1 유치권은 법률에서 정하는 요건이 충족되면 당연히 성립하는 법정담보물권이다. ( ) ▸ 2023

2 원칙적으로 유치권은 채권자 **자신 소유 물건**에 대해서도 **성립한다**. ( ) ▸ 2022

3 수급인은 특별한 사정이 없으면 그의 비용과 노력으로 완공한 건물에 유치권을 가지지 못한다. ( ) ▸ 2020, 2021, 2023

∵ 수급인이 재료와 노력으로 완공한 건물은 수급인 자기소유이므로

4 유치권의 목적이 될 수 있는 것은 동산, 부동산 그리고 유가증권이다. ( ) ▸ 2023

5 피담보채권의 채무자를 직접점유자로 하여 채권자가 간접점유하는 경우에 유치권은 성립하지 않는다. ( ) ▸ 2018, 2021, 2022, 2024

6 토지 등 그 성질상 다른 부분과 쉽게 분할할 수 있는 물건의 경우, 그 일부를 목적으로 하는 유치권이 성립할 수 있다. ( ) ▸ 2020

7 **채권과 물건 사이에 견련관계가 있더라도**, 그 채무불이행으로 인한 손해배상채권과 그 물건 사이의 견련관계는 **인정되지 않는다**. ( ) ▸ 2020

8 임치물과 그 하자로부터 생긴 수치인의 손해배상채권은 목적물 사이의 견련관계가 인정된다. ( ) ▸ 2025

9 **저당물의 제3취득자가 저당물의 개량을 위하여 유익비를 지출한 때에는 민법 제367조에 의한 비용상환청구권**을 피담보채권으로 삼아 유치권을 행사할 수 **있다**. ( ) ▸ 2024

10 점유자의 비용상환청구권은 유치권의 피담보채권이 될 수 있는 민법상 권리이다. ( ) ▸ 2019, 2025

11 유치물의 소유자가 변동된 후 유치권자가 유치물에 관하여 새로이 유익비를 지급하여 가격증가가 현존하는 경우, 유치권자는 그 유익비를 피보전채권으로 하여서도 유치권을 행사할 수 있다. ( ) ▸ 2023

12 수급인의 공사대금채권은 유치권의 피담보채권이 될 수 있는 민법상 권리이다. ( ) ▸ 2019, 2024, 2025

13 **임차인의 임차보증금반환청구권**은 임차건물에 관하여 생긴 채권이라 할 수 없다. ( ) ▸ 2016, 2021, 2024, 2025

14 **임차인의 보증금반환채권**은 유치권의 피담보채권이 될 수 **있는** 민법상 권리이다. ( ) ▸ 2019

15 임대인이 건물시설을 하지 않아 임차인이 건물을 임차목적대로 사용하지 못하였음을 이유로 하는 손해배상청구권은 **그 건물에 관하여 생긴 채권이다**. ( ) ▸ 2021

16 건물임차인은 **권리금반환청구권**에 기하여 임차건물에 대하여 유치권을 주장할 수 없다. ( ) ▸ 2015, 2024

17 매도인의 **매매대금채권**은 유치권의 피담보채권이 될 수 **있는** 민법상 권리이다. ( ) ▸ 2019, 2024

18 공사업자 乙에게 건축자재를 납품한 甲은 그 **매매대금채권에 기하여** 건축주 丙의 건물에 대하여 유치권을 행사할 수 없다. ( ) ▸ 201, 2024

19 목적물에 대한 점유를 취득한 후 그 목적물에 관한 채권이 성립한 경우 유치권은 인정되지 **않는다**. ( ) ▸ 2017

20 피담보채권이 변제기에 이르지 아니하면 유치권을 행사할 수 없다. ( ) ▸ 2016

21 피담보채권이 존재한다면 타인의 물건에 대한 점유가 불법행위로 인한 것인 때에도 **유치권이 성립한다**. ( ) ▸ 2015, 2022, 2024

22 유치권의 발생을 배제하는 특약은 유효하다. ( ) ▸ 2016

23 유치권 배제 특약이 있더라도 다른 법정요건이 모두 충족되면 유치권이 **성립한다**. ( ) ▸ 2022

24 유치권자가 유치권 성립 후에 이를 포기하는 의사표시를 한 경우에도 **점유를 반환하여야** 유치권은 소멸한다. ( ) ▸ 2024

25 유치권자는 경매로 인한 매수인에 대하여 그 피담보채권의 변제가 있을 때까지 유치목적물의 인도를 거절할 수 있을 뿐, 그 피담보채권의 변제를 청구할 수는 없다. ( ) ▸ 2018

26 저당권의 실행으로 부동산에 경매개시결정의 기입등기가 이루어지기 **전**에 유치권을 취득한 사람은 경매절차의 매수인에게 이를 행사할 수 있다. ( ) ▸ 2020, 2025

27 근저당권설정 후 그 실행에 따른 경매로 인한 **압류의 효력**이 발생하기 **전**에 취득한 **유치권**으로 경매절차의 매수인에게 **대항할 수 없다**. ( ) ▸ 2018

정답	01 ○	02 ×	03 ○	04 ○	05 ○	06 ○	07 ×	08 ○	09 ×	10 ○
	11 ○	12 ○	13 ○	14 ×	15 ×	16 ○	17 ×	18 ○	19 ×	20 ○
	21 ×	22 ○	23 ×	24 ×	25 ○	26 ○	27 ×			

제321조【유치권의 불가분성】

유치권자는 채권 전부의 변제를 받을 때까지 유치물 **전부에 대하여** 그 권리를 행사할 수 있다. ▸ 2018, 2022

OX Check Point

1 유치물이 분할 가능한 경우, 채무자가 피담보채무의 일부를 변제하면 그 범위에서 유치권은 **일부 소멸한다**. ( ) ▸ 2017

2 다세대주택의 창호공사를 완성한 하수급인이 공사대금채권 잔액을 변제받기 위하여 그중 한 세대를 점유하는 유치권 행사는 인정되지 **않는다**. ( ) ▸ 2023

정답 01 × 02 ×

제322조【경매, 간이변제충당】

① 유치권자는 채권의 변제를 받기 위하여 유치물을 경매할 수 있다.

② 정당한 이유 있는 때에는 유치권자는 감정인의 평가에 의하여 유치물로 직접 변제에 충당할 것을 법원에 청구할 수 있다. 이 경우에는 유치권자는 미리 채무자에게 통지하여야 한다.

OX Check Point

1 유치권에는 우선변제적 효력이 없으므로, 유치권자는 채권의 변제를 받기 위하여 유치물을 경매할 수 **없다**. ( ) ▸ 2015, 2022

2 유치권에 의한 경매로 유치물이 매각되는 경우 유치권자는 일반채권자와 동일한 순위로 배당을 받는다. ( ) ▸ 2025

3 유치권자는 **특별한 사정이 없는 한** 법원에 청구하지 않고 유치물로 직접 변제에 충당할 수 **있다**. ( ) ▸ 2017, 2018

정답 01 × 02 ○ 03 ×

제323조【과실수취권】

① 유치권자는 유치물의 **과실을 수취하여** 다른 채권보다 먼저 그 채권의 **변제에 충당할 수 있다**. 그러나 과실이 금전이 아닌 때에는 경매하여야 한다.

② 과실은 먼저 채권의 이자에 충당하고 그 잉여가 있으면 원본에 충당한다.

OX Check Point

1 유치권자에게는 **원칙적으로 수익목적**의 과실수취권이 **인정된다**. ( ) ▸ 2021

2 유치권자는 유치물의 과실을 수취하여 다른 채권보다 우선하여 그 채권의 변제에 충당할 수 있다. ( ) ▸ 2016, 2025

3 민사유치권자 甲이 수취한 유치물의 과실은 먼저 피담보채권의 원본에 충당하고 그 잉여가 있으면 이자에 충당한다. ( ) ▸ 2022

정답 01 × 02 ○ 03 ×

제324조【유치권자의 선관의무】
① 유치권자는 선량한 관리자의 주의로 유치물을 점유하여야 한다.
② 유치권자는 채무자의 **승낙 없이** 유치물의 **사용, 대여 또는 담보제공을 하지 못한다**. 그러나 유치물의 **보존에 필요한 사용**은 그러하지 아니하다.
③ 유치권자가 전2항의 규정에 위반한 때에는 채무자는 유치권의 소멸을 청구할 수 있다.

OX Check Point

1 민사유치권자 甲은 채무자의 승낙이 없더라도 유치물의 보존에 필요한 사용은 할 수 있다. ( ) ▸2022, 2023

2 공사대금채권에 기하여 유치권을 행사하는 자가 채무자의 승낙 없이 유치물의 보존에 필요한 범위 내에서 유치물인 주택에 거주하며 사용하였다면, **특별한 사정이 없는 한** 차임에 상당한 이득을 소유자에게 **반환할 의무가 없다**. ( ) ▸2015

3 유치권자가 유치물 소유자의 승낙 없이 유치물을 임대한 경우, 특별한 사정이 없는 한 유치물의 소유자는 유치권의 소멸을 청구할 수 **없다**. ( ) ▸2024

4 여러 필지의 토지에 유치권을 행사하는 자가 그 토지 중 **일부에 대해 선관주의의무**를 위반한 경우 **모든 토지**에 대한 유치권소멸청구가 인정된다. ( ) ▸2025

정답 01 ○ 02 × 03 × 04 ×

제325조【유치권자의 상환청구권】
① 유치권자가 유치물에 관하여 필요비를 지출한 때에는 소유자에게 그 상환을 청구할 수 있다.
② 유치권자가 유치물에 관하여 유익비를 지출한 때에는 그 가액의 증가가 현존한 경우에 한하여 소유자의 선택에 좇아 그 지출한 금액이나 증가액의 상환을 청구할 수 있다. 그러나 법원은 소유자의 청구에 의하여 상당한 상환기간을 허여할 수 있다.

제326조【피담보채권의 소멸시효】
유치권의 행사는 채권의 소멸시효의 진행에 영향을 미치지 아니한다. ▸ 2018

OX Check Point

1 유치권자가 유치물을 점유함으로써 유치권을 행사하고 있는 동안에는 피담보채권의 소멸시효는 진행되지 않는다. ( ) ▸ 2015, 2017, 2022

정답 01 ×

제327조【타담보제공과 유치권소멸】
채무자는 상당한 담보를 제공하고 유치권의 소멸을 청구할 수 있다. ▸ 2022

제328조【점유상실과 유치권소멸】
유치권은 점유의 상실로 인하여 소멸한다.

OX Check Point

1 유치권자가 점유침탈로 유치물의 점유를 상실한 경우, 유치권은 원칙적으로 소멸한다. ( ) ▸ 2021

2 점유를 침탈당한 유치권자가 점유회수의 소를 제기하면 **유치권을 보유**하는 것으로 **간주된다**. ( ) ∵ 점유반환의 소제기만이 아니라, 점유가 회복되어야 ▸ 2016, 2024

정답 01 ○ 02 ×

Chapter 08
질권

제1절 동산질권

제329조【동산질권의 내용】
동산질권자는 **채권의 담보로** 채무자 또는 제3자가 제공한 동산을 점유하고 그 동산에 대하여 다른 채권자보다 자기채권의 우선변제를 받을 권리가 있다.

OX Check Point

1 질권자는 피담보채권의 변제를 받기 위하여 질물을 경매할 수 있고, 그 매각대금으로부터 일반채권자와 **동일한 순위로** 변제받는다. ( ) ▸ 2022

정답 01 ×

제330조【설정계약의 요물성】
질권의 설정은 질권자에게 목적물을 인도함으로써 그 효력이 생긴다.

제331조【질권의 목적물】
질권은 양도할 수 없는 물건을 목적으로 하지 못한다. ▸ 2021, 2022

OX Check Point

1 양도할 수 없는 동산은 질권의 목적이 될 수 없다. ( ) ▸ 2017

정답 01 ○

제332조【설정자에 의한 대리점유의 금지】

질권자는 설정자로 하여금 질물의 점유를 하게 하지 못한다.

OX Check Point

1 질물을 질권설정자가 계속 점유하는 방식으로 질권을 설정할 수 없다. ( ) ▸ 2025

2 점유개정에 의한 동산질권설정은 인정되지 않는다. ( ) ▸ 2023

정답 01 ○ 02 ○

제333조【동산질권의 순위】

수 개의 채권을 담보하기 위하여 동일한 동산에 수개의 질권을 설정한 때에는 그 순위는 설정의 선후에 의한다. ▸ 2018, 2021, 2022

제334조【피담보채권의 범위】

질권은 원본, 이자, 위약금, 질권실행의 비용, **질물보존의 비용** 및 **채무불이행 또는 질물의 하자로 인한 손해배상의 채권을 담보**한다. 그러나 다른 약정이 있는 때에는 그 약정에 의한다.

OX Check Point

1 다른 약정이 없는 한 질권은 원본, 이자, 위약금, 질권실행의 비용, 질물보존의 비용 및 채무불이행 또는 질물의 하자로 인한 손해배상의 채권을 담보한다. ( ) ▸ 2018, 2022

정답 01 ○

第335条【유치적효력】

질권자는 전조의 채권의 변제를 받을 때까지 질물을 유치할 수 있다. 그러나 자기보다 우선권이 있는 채권자에게 대항하지 못한다. ▸ 2022

OX Check Point

1 질권자는 피담보채권의 변제를 받을 때까지 질물을 유치할 수 있으나 자기보다 우선권이 있는 채권자에게 대항하지 못한다. ( ) ▸ 2022

2 금전채무자가 채권자에게 담보물을 제공한 경우, 특별한 사정이 없으면 채무자의 변제의무와 채권자의 담보물반환의무는 **동시이행관계에 있다**. ( ) ▸ 2020

정답 01 ○ 02 ×

第336条【전질권】

질권자는 그 권리의 범위 내에서 자기의 책임으로 질물을 전질할 수 있다. 이 경우에는 전질을 하지 아니하였으면 면할 수 있는 불가항력으로 인한 손해에 대하여도 책임을 부담한다.

OX Check Point

1 질권자는 그 권리의 범위 내에서 자기의 책임으로 질물을 전질할 수 있다. ( ) ▸ 2024

2 전질은 질물소유자인 질권설정자의 승낙이 있어도 **허용되지 않는다**. ( ) ▸ 2023

정답 01 ○ 02 ×

제337조【전질의 대항요건】

① 전조의 경우에 질권자가 채무자에게 전질의 사실을 통지하거나 채무자가 이를 승낙함이 아니면 전질로써 채무자, 보증인, 질권설정자 및 승계인에게 대항하지 못한다.

② 채무자가 전항의 통지를 받거나 승낙을 한 때에는 전질권자의 동의 없이 질권자에게 채무를 변제하여도 이로써 전질권자에게 대항하지 못한다.

OX Check Point

1 채무자가 질권자의 책임전질을 승낙한 경우 채무자는 전질권자의 동의 없이 질권자에게 채무를 변제하여도 이로써 전질권자에게 대항하지 못한다. ( ) ▸ 2025

정답 01 O

제338조【경매, 간이변제충당】

① 질권자는 채권의 변제를 받기 위하여 질물을 경매할 수 있다. ▸ 2021

② 정당한 이유 있는 때에는 질권자는 감정인의 평가에 의하여 질물로 직접 변제에 충당할 것을 법원에 청구할 수 있다. 이 경우에는 질권자는 미리 채무자 및 질권설정자에게 통지하여야 한다.

OX Check Point

1 정당한 이유가 있는 경우 질권자는 간이변제충당을 법원에 청구할 수 있고, 이때 질권자는 미리 채무자 및 질권설정자에게 통지하여야 한다. ( ) ▸ 2018, 2024

정답 01 O

제339조【유질계약의 금지】
질권설정자는 채무변제기 **전**의 계약으로 질권자에게 변제에 갈음하여 질물의 소유권을 취득하게 하거나 법률에 정한 방법에 의하지 아니하고 질물을 처분할 것을 약정하지 못한다.

OX Check Point

1 질권설정자는 채무변제기 **후**의 계약으로 질권자에게 변제에 갈음하여 질물의 소유권을 취득하게 할 것을 약정하지 못한다. ( ) ▸ 2018, 2020

정답 01 ×

제340조【질물 이외의 재산으로부터의 변제】
① 질권자는 질물에 의하여 변제를 받지 못한 부분의 채권에 한하여 채무자의 다른 재산으로부터 변제를 받을 수 있다.
② 전항의 규정은 질물보다 먼저 다른 재산에 관한 배당을 실시하는 경우에는 적용하지 아니한다. 그러나 다른 채권자는 질권자에게 그 배당금액의 공탁을 청구할 수 있다.

OX Check Point

1 질물보다 다른 재산이 먼저 경매된 경우, 질권자는 그 매각대금으로부터 배당을 받을 수 **없다**. ( ) ▸ 2024

정답 01 ×

제341조【물상보증인의 구상권】
타인의 채무를 담보하기 위한 질권설정자가 그 채무를 변제하거나 질권의 실행으로 인하여 질물의 소유권을 잃은 때에는 보증채무에 관한 규정에 의하여 채무자에 대한 구상권이 있다.

제342조【물상대위】
질권은 질물의 멸실, 훼손 또는 공용징수로 인하여 질권설정자가 **받을** 금전 기타 물건에 대하여도 이를 행사할 수 있다. 이 경우에는 그 지급 또는 인도 전에 압류하여야 한다.

OX Check Point

1 물건이 멸실되더라도 물건의 가치적 변형물이 남아 있는 경우에는 담보물권은 그 가치적 변형물에 미친다. ( ) ▸ 2019

2 질물이 공용징수된 경우, 질권자는 질권설정자가 받을 수용보상금에 대하여도 질권을 행사할 수 있다. ( ) ▸ 2023

3 질물이 멸실된 경우에도 그로 인하여 질권설정자가 받을 금전을 압류하면 질권의 효력이 그 금전에 미친다. ( ) ▸ 2024

4 질물의 소유자가 질물을 다른 사람에게 매도한 때에는 질권자는 특별한 사정이 없는 한 그 매매대금에 대하여 질권을 행사할 수 없다. ( ) ▸ 2025

정답 01 ○ 02 ○ 03 ○ 04 ○

제343조【준용규정】

제249조 내지 제251조, 제321조 내지 제325조의 규정은 동산질권에 준용한다.

OX Check Point

1 동산질권도 선의취득의 대상이 될 수 있다. ( ) ▸ 2016, 2017, 2018, 2022

2 동산질권을 선의취득하기 위해서는 취득자는 평온·공연하게 질물의 점유를 취득하였어야 한다. ( ) ▸ 2024 사례변형

3 동산질권의 선의취득을 저지하기 위해서는 취득자의 점유취득이 과실에 의한 것임을 **동산의 소유자**가 증명하여야 한다. ( ) ▸ 2023

4 동산질권을 선의취득하기 위해서는 취득자는 질권설정자가 동산 소유자가 아니라는 사실에 대하여 그 자신이 선의이고 무과실이라는 사실을 증명하여야 한다. ( ) ▸ 2024 사례변형, 2025

5 질권설정계약을 체결할 당시 선의였다면 **질물의 인도를 받을 때 악의라도** 동산질권자의 선의취득은 인정된다. ( ) ▸ 2024 사례변형

6 동산질권자가 질물에 대하여 질권설정자에게 직접점유를 취득하는 형태로 점유를 취득한 경우, 동산질권의 선의취득은 인정되지 아니한다. ( ) ▸ 2024 사례변형

7 만약 질권설정자가 미성년자임을 이유로 질권설정계약을 취소하면 동산질권자은 선의취득을 할 수 없다. ( ) ▸ 2024 사례변형

8 질권은 질물 전부에 효력이 미친다. ( ) ▸ 2020

9 질권자는 채권 전부를 변제받을 때까지 질물 전부에 대하여 그 권리를 행사할 수 있다. ( ) ▸ 2023, 2024

정답 01 ○ 02 ○ 03 × 04 ○ 05 × 06 ○ 07 ○ 08 ○ 09 ○

제344조【타법률에 의한 질권】

본절의 규정은 다른 법률의 규정에 의하여 설정된 질권에 준용한다.

제2절 권리질권

第345条【권리질권의 목적】
질권은 **재산권**을 그 목적으로 할 수 있다. 그러나 부동산의 사용, 수익을 목적으로 하는 권리는 그러하지 아니하다.

OX Check Point

1 임차보증금반환청구권은 채권질권의 목적이 될 수 있다. ( ) ▸ 2025

2 부동산의 사용을 목적으로 하는 권리도 질권의 목적이 될 수 **있다**. ( ) ▸ 2019

3 부동산의 사용, 수익을 내용으로 하는 질권은 물권법정주의에 반한다. ( ) ▸ 2023

정답 01 ○ 02 × 03 ○

第346条【권리질권의 설정방법】
권리질권의 설정은 법률에 다른 규정이 없으면 그 권리의 양도에 관한 방법에 의하여야 한다.

第347条【설정계약의 요물성】
채권을 질권의 목적으로 하는 경우에 채권증서가 있는 때에는 질권의 설정은 그 증서를 질권자에게 교부함으로써 그 효력이 생긴다. ▸ 2017

OX Check Point

1 채권증서가 있는 지명채권의 경우 그 증서를 질권자에게 교부해야 질권의 효력이 생긴다. ( ) ▸ 2025

정답 01 ○

第348條【저당채권에 대한 질권과 부기등기】

저당권으로 담보한 채권을 질권의 목적으로 한 때에는 그 저당권등기에 질권의 부기등기를 하여야 그 효력이 저당권에 미친다. ▸ 2017

OX Check Point

1 저당권으로 담보된 채권에 설정된 질권은 그 저당권등기에 질권의 부기등기를 하여야 저당권에 효력이 미친다. (　) ▸ 2020

정답 01 O

第349條【지명채권에 대한 질권의 대항요건】

① 지명채권을 목적으로 한 질권의 설정은 설정자가 제450조의 규정에 의하여 제3채무자에게 질권설정의 사실을 통지하거나 제3채무자가 이를 승낙함이 아니면 이로써 제3채무자 기타 제3자에게 **대항하지 못한다.**

② 제451조의 규정은 전항의 경우에 준용한다.

OX Check Point

1 지명채권을 목적으로 한 질권은 제3채무자에게 질권설정의 사실을 통지하여야 **성립할 수 있다.** (　) ▸ 2019

정답 01 ×

第350條【지시채권에 대한 질권의 설정방법】
지시채권을 질권의 목적으로 한 질권의 설정은 **증서**에 **배서하여** 질권자에게 **교부함으로써** 그 효력이 생긴다.

OX Check Point

1 지시채권을 목적으로 한 질권의 설정은 **배서 없이** 증서를 교부하더라도 그 효력이 **생긴다**. ( ) ▸ 2019

정답 01 ×

第351條【무기명채권에 대한 질권의 설정방법】
무기명채권을 목적으로 한 질권의 설정은 **증서**를 질권자에게 **교부**함으로써 그 효력이 생긴다.

第352條【질권설정자의 권리처분제한】
질권설정자는 질권자의 동의 없이 질권의 목적된 권리를 소멸하게 하거나 질권자의 이익을 해하는 변경을 할 수 없다.

OX Check Point

1 질권의 목적인 채권의 양도행위는 질권자의 이익을 해하는 변경에 해당되지 않으므로 질권자의 동의를 요하지 않는다. ( ) ▸ 2021, 2025

2 질권설정자와 제3채무자가 질권자의 동의 없이 질권이 설정된 채권을 소멸하게 하는 행위를 한 경우 특별한 사정이 없는 한 **제3자도 그 무효**를 주장할 수 **있다**. ( ) ▸ 2025

정답 01 ○ 02 ×

第353條【질권의 목적이 된 채권의 실행방법】

① 질권자는 질권의 목적이 된 채권을 직접 청구할 수 있다. ▸ 2017, 2019

② 채권의 목적물이 **금전인 때**에는 질권자는 **자기채권의 한도에서** 직접 청구할 수 있다.

③ 전항의 채권의 변제기가 질권자의 채권의 변제기보다 먼저 도래한 때에는 질권자는 제3채무자에 대하여 그 변제금액의 공탁을 청구할 수 있다. 이 경우에 질권은 그 공탁금에 존재한다.

④ 채권의 목적물이 금전 이외의 물건인 때에는 질권자는 그 변제를 받은 물건에 대하여 질권을 행사할 수 있다.

OX Check Point

1 금전채권에 질권을 취득한 질권자는 자기채권액의 범위에서 직접 추심하여 변제에 충당할 수 있다. (   ) ▸ 2020

2 채권질권의 효력은 질권의 목적이 된 채권 외에 그 채권의 지연손해금에는 미치지 **않는다**. (   ) ▸ 2021

3 질권의 목적인 채권의 변제기가 질권자의 채권의 변제기보다 먼저 도래한 경우 질권자는 제3채무자에 대하여 자신에게 변제할 것을 청구할 수 **있다**. (   ) ▸ 2017

4 입질된 채권의 목적물이 금전 이외의 물건인 때에는 질권자는 그 변제를 받은 물건에 대하여 질권을 행사할 수 있다. (   ) ▸ 2019, 2025

정답 01 ○ 02 × 03 × 04 ○

第354条【동전】
질권자는 전조의 규정에 의하는 외에 민사집행법에 정한 집행방법에 의하여 질권을 실행할 수 있다.

第355条【준용규정】
권리질권에는 본절의 규정 외에 동산질권에 관한 규정을 준용한다.

Chapter 09

저당권

제356조【저당권의 내용】

저당권자는 채무자 또는 제3자가 **점유를 이전하지 아니하고** 채무의 담보로 제공한 **부동산**에 대하여 다른 채권자보다 자기채권의 우선변제를 받을 권리가 있다.

OX Check Point

1 저당권설정자는 현재 저당부동산의 소유자가 아니라면 피담보채무가 소멸하더라도 저당권의 말소를 청구할 수 **없다**. ( ) ▸ 2015

2 저당부동산의 소유권이 제3자에게 양도된 후 피담보채권이 변제된 때에는 저당권을 설정한 종전소유자도 저당권설정등기의 말소를 청구할 권리가 있다. ( ) ▸ 2020

정답 01 × 02 ○

제357조【근저당】

① 저당권은 그 담보할 **채무의 최고액만을 정하고** 채무의 **확정을 장래에 보류하여** 이를 설정할 수 있다. 이 경우에는 그 확정될 때까지의 채무의 소멸 또는 이전은 저당권에 영향을 미치지 아니한다.

② 전항의 경우에는 채무의 이자는 최고액 중에 산입한 것으로 본다.

OX Check Point

1 장래에 발생할 특정의 조건부채권을 피담보채권으로 하는 근저당권의 설정은 **허용되지 않는다**. ( ) ▸ 2019

2 채권최고액은 반드시 등기되어야 하지만, 근저당권의 존속기간은 필요적 등기사항이 아니다. ( ) ▸ 2019

3 근저당권설정등기가 있는 경우에도 피담보채권의 성립을 위한 법률행위의 존재는 추정되지 않는다. ( ) ▸ 2025

4 근저당권의 피담보채무가 **확정**되기 **이전**에는 채무자를 변경할 수 **없다**. ( ) ▸ 2016

5 피담보채무의 확정 전 채무자가 변경된 경우, 변경 후의 채무자에 대한 채권만이 당해 근저당권에 의하여 담보된다. ( ) ▸ 2017

6 근저당권의 확정 전에 발생한 원본채권으로부터 그 확정 후에 발생하는 이자는 채권최고액의 범위 내에서 여전히 담보된다. ( ) ▸ 2016

7 근저당권의 피담보채무는 원칙적으로 당사자가 약정한 존속기간이나 결산기가 도래한 때에 확정된다. ( ) ▸ 2019, 2022

8 근저당권의 존속기간이나 결산기의 정함이 없는 경우, 근저당권설정자는 근저당권자를 상대로 언제든지 해지의 의사표시를 함으로써 피담보채무를 확정시킬 수 있다. ( ) ▸ 2017, 2022

9 근저당권설정자가 적법하게 기본계약을 해지하면 피담보채권은 확정된다. ( ) ▸ 2023

10 근저당권자가 피담보채무의 불이행을 이유로 경매신청을 한 경우, 경매신청 시에 근저당권이 확정된다. ( ) ▸ 2017, 2022

11 후순위담보권자가 경매를 신청한 경우, 선순위근저당권의 피담보채권은 매수인이 경락대금을 완납하여 그 근저당권이 소멸하는 때에 확정된다. ( ) ▸ 2020, 2022

12 선순위근저당권자가 경매를 신청하는 경우, 후순위근저당권의 피담보채권의 확정시기는 **경매개시결정 시이다**. ( ) ▸ 2016

13 공동근저당권자가 저당목적 부동산 중 일부 부동산에 대하여 제3자가 신청한 경매절차에 소극적으로 참가하여 우선배당을 받은 경우, 특별한 사정이 없는 한 나머지 저당목적 부동산에 관한 근저당권의 피담보채권도 **확정된다**. ( ) ▸ 2022

14 근저당권자가 피담보채무의 불이행을 이유로 경매신청을 하여 경매신청 시에 근저당 채무액이 확정된 경우, 경매개시 결정 후 경매신청이 취하되더라도 채무확정의 효과가 번복되지 않는다. ( ) ▸ 2019

15 채권의 총액이 채권최고액을 초과하는 경우, **채무자 겸 근저당권설정자**는 근저당권의 확정 전이라도 채권최고액을 변제하고 근저당권의 말소를 청구할 수 **있다**. ( ) ▸ 2016

16 근저당부동산의 **제3취득자는** 피담보채무가 확정된 이후에 **채권최고액의 범위 내에서** 그 확정된 피담보채무를 변제하고 근저당권의 소멸을 청구할 수 있다. ( ) ▸ 2019

17 선순위 근저당권의 확정된 피담보채권액이 채권최고액을 초과하는 경우, **후순위 근저당권자**가 선순위 근저당권의 채권최고액을 변제하더라도 선순위 근저당권의 소멸을 청구할 수 없다. ( ) ▸ 2017

18 근저당권의 채무자가 피담보채권의 **일부를 변제**한 경우, 변제한 만큼 **채권최고액이 축소된다**. ( ) ▸ 2020

정답	01 ×	02 ○	03 ○	04 ×	05 ○	06 ○	07 ○	08 ○	09 ○	10 ○
	11 ○	12 ×	13 ×	14 ○	15 ×	16 ○	17 ○	18 ×		

제358조【저당권의 효력의 범위】

저당권의 효력은 저당부동산에 **부합된 물건**과 **종물**에 미친다. 그러나 법률에 특별한 규정 또는 설정행위에 다른 약정이 있으면 그러하지 아니하다.

OX Check Point

1 저당권의 효력은 다른 사정이 없으면(원칙적으로) 저당부동산에 부합된 물건에 미친다. ( ) ▸ 2020, 2021

2 저당권이 설정된 건물이 증축된 경우에 기존 건물에 대한 저당권은 법률에 특별한 규정 또는 설정행위에서 다른 약정이 없다면, 증축되어 부합된 건물 부분에 대해서도 그 효력이 미친다. ( ) ▸ 2019, 2022

3 기존 건물에 부합된 증축 부분이 기존 건물에 대한 경매 절차에서 경매목적물로 평가되지 아니하였더라도 경매의 매수인이 증축부분의 소유권을 취득한다. ( ) ▸ 2024

4 저당권의 효력은 저당부동산의 종물에 미치므로 경매를 통하여 저당부동산의 소유권을 취득한 자는 특별한 사정이 없는 한 종물의 소유권을 취득한다. ( ) ▸ 2021

5 건물에 저당권이 설정된 후 건물의 종물에 대해 강제집행을 한 자는 건물 경매절차의 매수인에게 강제집행의 효력을 주장할 수 없다. ( ) ▸ 2025

6 **주물 그 자체의 효용과는 직접 관계없지만 주물 소유자의 상용에 공여되고 있는 물건**이 경매목적물로 평가되었다면 경매의 매수인이 소유권을 취득한다. ( ) ▸ 2024

7 특별한 사정이 없는 한 건물에 대한 저당권의 효력은 그 건물에 종된 권리인 건물의 소유를 목적으로 하는 지상권에도 미친다. ( ) ▸ 2022, 2024

8 건물에 설정된 저당권이 실행된 경우 경매절차의 매수인은 특별한 사정이 없는 한 건물의 소유를 위해 인정된 지상권도 등기 없이 취득한다. ( ) ▸ 2025

9 구분건물의 전유부분에 대한 저당권의 효력은 특별한 사정이 없는 한 대지사용권에도 미친다. ( ) ▸ 2024

10 주물 위에 설정된 저당권의 효력은, 법률의 규정 또는 다른 약정이 없으면, 설정 후의 종물에까지 미치지 **않는다**. ( ) ▸ 2016

11 부동산의 일부 공유지분 위에 저당권이 설정된 후 그 공유부동산이 현물분할된 경우, 저당권은 원칙적으로 **저당권설정자에게 분할된 부분에 집중된다**. ( ) ▸ 2022

12 저당권 설정행위에 "저당권의 효력이 종물에 미치지 않는다"는 약정이 있는 경우, 이를 등기하지 않으면 그 약정으로써 제3자에게 대항할 수 없다. ( ) ▸ 2023

정답 01 ○ 02 ○ 03 ○ 04 ○ 05 ○ 06 × 07 ○ 08 ○ 09 ○ 10 × 11 × 12 ○

제359조【과실에 대한 효력】

저당권의 효력은 저당부동산에 대한 **압류가 있은 후**에 저당권설정자가 그 부동산으로부터 수취한 과실 또는 수취할 수 있는 **과실에 미친다.** 그러나 저당권자가 그 부동산에 대한 소유권, 지상권 또는 전세권을 취득한 제3자에 대하여는 압류한 사실을 통지한 후가 아니면 이로써 대항하지 못한다.

OX Check Point

1 저당부동산에 대하여 저당권에 기한 압류가 있으면, 압류 이후의 저당권설정자의 저당부동산에 관한 차임채권에도 저당권의 효력이 미친다. ( ) ▸ 2018, 2021, 2023, 2024

2 저당권의 효력은 천연과실뿐만 아니라 법정과실에도 미친다. ( ) ▸ 2020

정답 01 ○ 02 ○

제360조【피담보채권의 범위】
저당권은 원본, 이자, 위약금, 채무불이행으로 인한 손해배상 및 저당권의 실행비용을 담보한다. 그러나 **지연배상에 대하여**는 원본의 이행기일을 경과한 후의 **1년분에 한하여** 저당권을 행사할 수 있다.

OX Check Point

1 저당권을 설정한 사람이 채무자가 아닌 경우, 그는 원본채권이 이행기를 경과한 때부터 1년분의 범위에서 지연배상을 변제할 책임이 **있다**. ( ) ▸ 2020
∵ 채무자 아닌 물상보증인도 제360조 적용 ×

정답 01 ×

제361조【저당권의 처분제한】
저당권은 그 담보한 채권과 분리하여 타인에게 양도하거나 다른 채권의 담보로 하지 못한다. ▸ 2019, 2021, 2022

OX Check Point

1 근저당권의 존속 중에 피담보채권이나 기본계약과 분리하여 근저당권만을 양도할 수도 **있다**. ( ) ▸ 2016

2 저당권의 이전을 위하여 저당권의 양도인과 양수인, 그리고 **저당권설정자 사이의 물권적 합의**와 등기가 **있어야 한다**. ( ) ▸ 2020

정답 01 × 02 ×

第362條【저당물의 보충】

저당권설정자의 책임 **있는** 사유로 인하여 저당물의 가액이 현저히 감소된 때에는 저당권자는 저당권설정자에 대하여 그 원상회복 또는 상당한 담보제공을 청구할 수 있다. ▸2018

第363條【저당권자의 경매청구권, 경매인】

① 저당권자는 그 채권의 변제를 받기 위하여 저당물의 경매를 청구할 수 있다.

② 저당물의 소유권을 취득한 제3자도 경매인이 될 수 있다. ▸2022

OX Check Point

1 저당권으로 담보된 채권을 양수하였으나 아직 대항요건을 갖추지 못한 양수인도 저당권이전의 부기등기를 마치고 저당권실행의 요건을 갖추면 경매를 신청할 수 있다. ( ) ▸2020

2 저당물의 소유권을 취득한 **제3자**는 경매인이 될 수 **없다**. ( ) ▸2018

정답 01 ○ 02 ×

第364條【제3취득자의 변제】

저당부동산에 대하여 소유권, 지상권 또는 전세권을 취득한 제3자는 저당권자에게 그 부동산으로 담보된 채권을 변제하고 저당권의 소멸을 청구할 수 있다.

OX Check Point

1 저당부동산에 대하여 지상권을 취득한 제3자는 저당권자에게 그 부동산으로 담보된 채권을 변제하고 저당권의 소멸을 청구할 수 있다. ( ) ▸2018, 2021

정답 01 ○

제365조【저당지상의 건물에 대한 경매청구권】
토지를 목적으로 저당권을 설정한 **후** 그 설정자가 그 토지에 건물을 축조한 때에는 저당권자는 토지와 함께 그 건물에 대하여도 경매를 청구할 수 있다. 그러나 그 건물의 경매대가에 대하여는 우선변제를 받을 권리가 없다.

OX Check Point

1 토지를 목적으로 저당권을 설정한 후 그 설정자가 그 토지에 건물을 축조하고 소유한 경우, 저당권자는 토지와 함께 그 건물에 대하여도 경매를 청구할 수 있다. ( ) ▸ 2018

2 토지에 저당권을 설정한 후 그 설정자가 그 토지에 건물을 축조하여 저당권자가 토지와 함께 그 건물에 대하여도 경매를 청구하는 경우, 저당권자는 **그 건물의 경매대가에 대해서도 우선변제를 받을 권리가 있다.** ( ) ▸ 2022, 2023 사례

3 토지에 저당권을 설정한 후 그 설정자가 그 토지에 축조한 건물의 소유권이 제3자에게 이전된 경우, 저당권자는 토지와 건물을 일괄하여 경매를 청구할 수 없다. ( ) ▸ 2022, 2023 사례

4 저당권설정자로부터 저당토지에 대한 용익권을 설정받은 자가 그 토지에 건물을 축조한 후 저당권설정자가 그 건물의 소유권을 취득한 경우, 저당권자는 토지와 건물을 일괄하여 경매를 청구할 수 있다. ( ) ▸ 2022, 2023 사례

정답 01 ○ 02 × 03 ○ 04 ○

제366조【법정지상권】
저당물의 경매로 인하여 토지와 그 지상건물이 다른 소유자에 속한 경우에는 토지소유자는 건물소유자에 대하여 지상권을 설정한 것으로 **본다**. 그러나 지료는 당사자의 청구에 의하여 법원이 이를 정한다.

OX Check Point

1 토지의 정착물로 볼 수 없는 가설 건축물의 소유를 위한 법정지상권은 성립하지 않는다. ( ) ▸ 2023

2 토지에 저당권이 설정될 때에 그 지상건물이 **미등기인 경우**, 저당권 실행으로 토지와 건물의 소유자가 상이하게 되더라도 법정지상권은 인정될 수 **없다**. ( ) ▸ 2018

3 미등기건물의 소유를 위해서도 법정지상권이 성립할 수 있다. ( ) ▸ 2022

4 토지에 저당권이 설정된 후에 저당권자의 동의를 얻어 건물이 신축된 경우라도 법정지상권은 **성립한다**. ( ) ▸ 2023

5 X토지에 저당권을 설정한 甲이 **저당권자 乙의 동의를 얻어** Y건물을 신축하였으나 저당권의 실행에 의한 경매에서 丙이 X토지의 소유권을 취득한 경우, Y건물을 위한 법정지상권이 **성립한다**. ( ) ▸ 2020, 2024

6 토지와 함께 **공동근저당권이 설정된 건물이 그대로 존속**함에도 등기가 멸실되고 등기부가 폐쇄되면, 그 후 경매로 토지와 건물의 소유자가 달라지더라도 법정지상권이 성립할 수 **없다**. ( ) ▸ 2016

7 甲소유의 X토지와 그 지상건물에 **공동저당권이 설정**된 후 지상**건물을 철거하고** Y **건물을 신축**하였고 저당권의 실행으로 X토지와 Y건물이 다른 소유자에게 매각된 경우, 특별한 사정이 없으면 Y건물을 위한 법정지상권이 **성립한다**. ( ) ▸ 2020 사례, 2024

8 토지공유자 중 1인이 다른 공유자의 동의를 얻어 그 지상에 건물을 소유하면서 자신의 토지지분에 저당권을 설정한 후 그 실행경매로 인하여 그 공유지분권자와 건물소유자가 달라진 경우에는 법정지상권이 성립하지 않는다. ( ) ▸ 2023

9 X토지를 소유하는 甲이 乙과 함께 그 지상에 **Y건물을 신축·공유하던 중** X토지에 저당권을 설정하였고 그의 실행에 의한 경매에서 丙이 X토지의 소유권을 취득한 경우, Y건물을 위한 법정지상권이 성립하지 **않는다**. ( ) ▸ 2020 사례, 2024

10 건물 소유를 위한 법정지상권을 취득한 사람으로부터 경매에 의해 건물소유권을 이전 받은 매수인은 특별한 사정이 없는 한 건물의 매수취득과 함께 위 지상권도 당연히 취득한다. ( ) ▸ 2022

11 X토지에 Y건물의 소유를 위한 법정지상권을 가진 甲의 Y건물을 **경매**에서 매수한 乙은, 건물철거의 매각조건 등 특별한 사정이 없으면 당연히 법정지상권을 취득한다. ( ) ▸ 2020 사례

12 법정지상권의 성립 후 구건물이 철거되고 신건물이 축조된 경우, 그 법정지상권의 존속기간·범위 등은 **신건물**을 기준으로 한다. ( ) ▸ 2016

13 당사자 사이에 지료에 관하여 협의한 사실이나 법원에 의하여 지료가 결정된 사실이 없다면, 법정지상권자가 지료를 지급하지 않았다고 하더라도 지료 지급을 지체한 것으로 볼 수 없다. ( ) ▸ 2022

정답 01 ○ 02 × 03 ○ 04 × 05 × 06 × 07 × 08 ○ 09 × 10 ○ 11 ○ 12 × 13 ○

제367조【제3취득자의 비용상환청구권】
저당물의 **제3취득자**가 그 부동산의 보존, 개량을 위하여 필요비 또는 유익비를 지출한 때에는 제203조 제1항, 제2항의 규정에 의하여 저당물의 **경매대가에서 우선상환을 받을 수 있다.**

OX Check Point

1 저당물의 제3취득자는 그 부동산의 개량을 위한 유익비를 지출하여 가치의 증가가 현존하더라도, 그 비용을 저당물의 매각대금에서 우선적으로 상환받을 수 **없다**. ( ) ▸ 2019, 2023

정답 01 ×

제368조【공동저당과 대가의 배당, 차순위자의 대위】
① 동일한 채권의 담보로 수 개의 부동산에 저당권을 설정한 경우에 그 부동산의 경매대가를 **동시에 배당**하는 때에는 **각 부동산**의 경매대가에 비례하여 그 채권의 분담을 정한다.
② 전항의 저당부동산 중 **일부의 경매대가를 먼저 배당**하는 경우에는 그 대가에서 그 채권 전부의 변제를 받을 수 있다. 이 경우에 그 경매한 부동산의 차순위저당권자는 선순위저당권자가 전항의 규정에 의하여 다른 부동산의 경매대가에서 변제를 받을 수 있는 금액의 한도에서 선순위자를 대위하여 저당권을 행사할 수 있다.

OX Check Point

1 공동저당관계의 등기를 공동저당권의 성립요건이나 대항요건이라고는 할 수 없다. ( ) ▸ 2020

2 공동저당 부동산이 모두 채무자 소유인 경우, 제368조 **제2항은** 대위제도를 규정하여 공동저당권의 목적 부동산 중 일부의 경매대가를 먼저 배당하는 이시배당의 경우에도 최종적인 배당의 결과가 동시배당의 경우와 같게 함으로써 공동저당권자의 실행선택권 행사로 인하여 불이익을 입은 차순위 저당권자를 보호하는 데 그 취지가 있다. ( ) ▸ 2021 사례변형

3 공동저당권의 목적물인 채무자 소유 부동산과 물상보증인 소유 부동산의 경매대가를 동시에 배당하는 경우 채무자 소유 부동산의 경매대가에서 공동저당권자에게 우선적으로 배당을 하고, 부족분이 있는 경우에 한하여 물상보증인 소유 부동산의 경매대가에서 추가로 배당을 하여야 한다. ( ) ▸ 2025

4 공동저당 부동산 중 일부에 대해 먼저 배당되는 경우 선순위저당권자인 공동저당권자는 그 대가에서 채권 전액을 변제받을 수 있다. ( ) ▸ 2025

정답 01 ○ 02 ○ 03 ○ 04 ○

제369조【부종성】
저당권으로 담보한 채권이 시효의 완성 기타 사유로 인하여 소멸한 때에는 저당권도 소멸한다.

OX Check Point

1 채권자 아닌 타인의 명의로 저당권이 설정되었다면, 피담보채권의 **실질적 귀속주체가 누구인지를 불문하고** 그 효력이 인정되지 **않는다**. ( ) ▸ 2019

2 채권자와 제3자가 불가분적 채권자의 관계에 있다고 볼 수 있는 경우에는 그 제3자 명의의 저당권등기도 유효하다. ( ) ▸ 2023

3 저당권은 경매에서의 매각으로 인하여 소멸한다. ( ) ▸ 2019

4 저당권설정등기가 원인 없이 말소된 때에도 그 부동산이 경매되어 매수인이 매각대금을 납부하면 원인 없이 말소된 저당권은 소멸한다. ( ) ▸ 2020

정답 01 × 02 ○ 03 ○ 04 ○

제370조【준용규정】

제214조, 제321조, **제333조**, 제340조, 제341조 및 **제342조**의 규정은 저당권에 준용한다.

OX Check Point

1 토지의 저당권자는 무단점유자에 대해 저당권에 기한 저당물**반환**청구권을 행사할 수 **있다**. ( ) ▸ 2017

2 저당부동산의 교환가치를 하락시키는 행위가 있더라도 저당권자는 저당권에 기한 방해배제청구권을 행사할 수 **없다**. ( ) ▸ 2019

3 **저당권이 설정된 토지에 지상권을 취득한 자**가 수목을 식재한 경우 그 지상권자는 토지 **경매절차의 매수인에 대해** 수목의 매수를 청구할 수 **있다**. ( ) ▸ 2025

4 저당권자가 물상대위를 통하여 우선변제를 받기 위해서는 저당권설정자가 받을 가치 변형물을 그 지급 또는 인도 전에 압류하여야 한다. ( ) ▸ 2019

5 저당목적물의 변형물에 대하여 **이미 제3자가 압류하였더라도** 저당권자가 스스로 이를 압류하지 않으면 물상대위권을 행사할 수 **없다**. ( ) ▸ 2021, 2022

6 저당권자는 **배당기일 전까지** 물상대위권을 행사하여 우선변제를 받을 수 있다. ( ) ∵ 배당요구의 종기까지 하여야 ▸ 2020

7 저당권자가 물상대위권을 행사하지 아니한 경우, 저당목적물의 변형물로부터 이득을 얻은 다른 채권자에 대하여 부당이득반환을 청구할 수 없다. ( ) ▸ 2019

정답 01 × 02 × 03 × 04 ○ 05 × 06 × 07 ○

제371조【지상권, 전세권을 목적으로 하는 저당권】

① 본장의 규정은 **지상권 또는 전세권**을 저당권의 목적으로 한 경우에 준용한다.

② 지상권 또는 전세권을 목적으로 저당권을 설정한 자는 저당권자의 동의 없이 지상권 또는 전세권을 소멸하게 하는 행위를 하지 못한다.

OX Check Point

1 지상권은 물건이 아니므로 저당권의 객체가 될 수 **없다**.( ) ▸ 2023, 2024

2 전세권은 저당권의 목적이 될 수 있다. ( ) ▸ 2019

3 전세금반환채권은 저당권의 목적물이 아니다. ( ) ▸ 2021

4 전세권저당권은 피담보채권을 수반하더라도 양도할 수 **없다**. ( ) ▸ 2016

5 전세권을 목적으로 저당권을 설정한 자는 저당권자의 동의 없이 전세권설정자와 합의하여 전세권을 소멸시킬 수 **있다**. ( ) ▸ 2017, 2021

6 전세권의 존속기간이 만료된 경우 전세권저당권자는 전세권 자체에 대해 저당권을 실행할 수 **있다**. ( ) ▸ 2021

7 전세권을 목적으로 한 저당권이 설정된 후 전세권이 기간만료로 소멸한 경우 전세권설정자는 원칙적으로 전세권자에 대하여만 전세금 반환의무를 부담한다. ( ) ▸ 2021

8 전세권을 목적으로 한 저당권이 설정된 후 전세권이 존속기간 만료로 소멸된 경우, 저당권자는 전세금반환채권에 대하여 물상대위권을 행사할 수 있다. ( ) ▸ 2021, 2022

정답 01 × 02 ○ 03 ○ 04 × 05 × 06 × 07 ○ 08 ○

제372조【타법률에 의한 저당권】

본장의 규정은 다른 법률의 규정에 의하여 설정된 저당권에 준용한다.

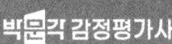

6 매도인인 선의인 계약명의신탁관계에서 명의신탁자 甲과 명의수탁자 乙의 명의신탁약정은 무효이다. ( ) ▸ 2015 사례 변형

7 매도인이 계약명의신탁약정 사실을 알았는지 여부는 **소유권이전등기가 마쳐진 때**를 기준으로 판단하여야 한다. ( ) ∵ 매매계약 체결 시 ▸ 2016

8 계약당사자인 매수인이 명의수탁자라는 사정을 매도인이 알지 못하였더라도, 매매로 인한 물권변동은 **무효**이다. ( ) ▸ 2023

9 매도인이 계약명의신탁약정을 알지 못한 경우, 명의수탁자 乙은 부동산의 소유권을 취득한다. ( ) ▸ 2021

∵ 매도인 선의의 계약명의신탁에서 물권변동은 유효하므로 명의수탁자가 완전하 소유권을 취득

10 매도인이 계약명의신탁약정을 알지 못한 경우, 명의신탁자 甲은 명의수탁자 乙에 대하여 **소유권이전을 청구할 수 있다**. ( ) ▸ 2016 사례 변형

11 매도인인 선의인 계약명의신탁관계에서 명의수탁자 乙은 명의신탁자 甲으로부터 받은 X토지 매수대금을 甲에게 부당이득으로 반환할 의무가 있다. ( ) ▸ 2015 사례 변형, 2021

12 매도인인 선의인 계약명의신탁관계에서 만약 명의수탁자 乙이 완전한 소유권을 취득했음을 전제로 사후적으로 명의신탁자 甲과 매수자금반환의무의 이행에 갈음하여 X토지를 양도하기로 약정하고 甲 앞으로 소유권이전등기를 마쳤다면, 그 등기는 원칙적으로 유효하다. ( ) ▸ 2015 사례 변형

13 만약 매도인 丙이 매수인 乙과 명의신탁자 甲 사이의 명의신탁약정의 존재를 알았다면 X토지에 관한 물권변동은 무효이다. ( ) ▸ 2015 사례 변형

14 매도인이 계약명의신탁약정을 알고 있었던 경우, 명의수탁자 乙은 매도인에 대하여 매매대금의 반환을 청구할 수 있다. ( ) ▸ 2016 사례 변형

15 매도인이 계약명의신탁약정을 알고 있었던 경우, **명의신탁자** 甲은 매도인에 대하여 진정명의회복을 원인으로 한 **소유권이전등기를 청구할 수 있다**. ( ) ▸ 2016 사례 변형

16 매도인이 계약명의신탁약정을 알고 있었던 경우, **명의신탁자** 甲은 **매도인을 대위하여 명의수탁자 乙 명의 등기의 말소를 청구함**과 동시에 매도인에 대하여 **매수인의 지위에서** 소유권이전등기를 청구할 수 **있다**. ( ) ▸ 2016 사례 변형

17 신탁자는 명의신탁약정의 무효로서 수탁자로부터 소유권이전등기를 받은 제3자에게 그의 선의·악의 여부를 불문하고 대항하지 못한다. ( ) ▸ 2017

18 부동산 명의신탁약정의 무효는 수탁자로부터 그 부동산을 취득한 악의의 제3자에게 대항할 수 **있다**. ( ) ▸ 2021

19 계약 상대방이 명의수탁자임을 알면서 체결한 매매계약의 효력으로 소유권이전등기를 받은 사람은 소유권을 취득한다. ( ) ▸ 2020

20 매도인 丙이 명의신탁자 甲·명의수탁자 乙 사이의 명의신탁약정 사실을 안 경우에도 명의수탁자 乙이 그 사정을 모르는 丁에게 X를 매도하여 소유권이전등기를 마쳤다면 丁은 X의 소유권을 취득한다. ( ) ▸ 2021

21 명의수탁자 乙로부터 X부동산을 매수한 丁이 명의수탁자 乙의 명의신탁자 甲에 대한 배임행위에 **적극 가담하였더라도**, 명의수탁자 乙과 丁 사이의 매매계약은 **반사회적인 법률행위에 해당하지는 않는다**. ( ) ▸ 2019 사례변형

정답 01 × 02 ○ 03 ○ 04 ○ 05 ○ 06 ○ 07 × 08 × 09 ○ 10 × 11 ○ 12 ○ 13 ○ 14 ○ 15 × 16 × 17 ○ 18 × 19 ○ 20 ○ 21 ×

제8조【종중, 배우자 및 종교단체에 대한 특례】

다음 각 호의 어느 하나에 해당하는 경우로서 **조세 포탈, 강제집행의 면탈(免脫) 또는 법령상 제한의 회피를 목적으로 하지 아니하는 경우**에는 제4조부터 제7조까지 및 제12조 제1항부터 제3항까지를 **적용하지 아니한다**.

1. **종중**(宗中)이 보유한 부동산에 관한 물권을 **종중(종중과 그 대표자를 같이 표시하여 등기한 경우를 포함한다) 외의 자**의 명의로 등기한 경우
2. **배우자** 명의로 부동산에 관한 물권을 등기한 경우
3. **종교단체**의 명의로 그 산하 조직이 보유한 부동산에 관한 물권을 등기한 경우

OX Check Point

1 종중재산에 대한 유효한 명의신탁의 경우, 등기의 추정력에도 불구하고 신탁자는 수탁자에 대하여 명의신탁에 의한 등기임을 주장할 수 있다. ( ) ▸ 2017

2 탈법적 목적이 없는 종중재산의 명의신탁에 있어서 **종중은** 명의신탁재산에 대한 불법점유자 내지 불법등기명의자에 대하여 직접 그 인도 또는 등기말소를 청구할 수 **있다**. ( ) ▸ 2023

3 종중재산이 여러 사람에게 명의신탁된 경우, 그 수탁자들 상호 간에는 형식상 공유 관계가 성립한다. ( ) ▸ 2020

4 무효인 명의신탁등기가 행하여진 후 신탁자와 수탁자가 혼인을 하게 된다면, 조세 포탈 등이나 법령상의 제한을 회피할 목적이 없는 한, 위 등기는 甲과 丙이 혼인한 때로부터 유효하게 된다. ( ) ▸ 2017, 2019 사례변형

5 명의신탁이 무효인 경우, 신탁자와 수탁자가 혼인하면 **명의신탁약정이 체결된 때로부터** 위 명의신탁은 유효하게 된다. ( ) ▸ 2021

6 부부 사이에 유효하게 성립한 명의신탁은 배우자 일방의 사망으로 잔존배우자와 사망한 배우자의 상속인에게 효력을 **잃는다**. ( ) ▸ 2020

7 탈법적 목적이 없더라도 사실혼 배우자 간의 명의신탁은 무효이다. ( ) ▸ 2023

8 조세포탈 등의 목적 없이 종교단체 명의로 그 산하조직이 보유한 부동산의 소유권을 등기한 경우, 그 단체와 조직 간의 명의신탁약정은 유효하다. ( ) ▸ 2017

9 조세포탈 등의 목적 없이 종교단체장의 명의로 그 종교단체 보유 부동산의 소유권을 등기한 경우, **그 단체와 단체장 간의** 명의신탁약정은 유효하다. ( ) ▸ 2021

정답 01 ○ 02 × 03 ○ 04 ○ 05 × 06 × 07 ○ 08 ○ 09 ×

제11조 제1항【기존 명의신탁약정에 따른 등기의 실명등기 등】
법률 제4944호 부동산 실권리자명의 등기에 관한 법률 시행 전에 명의신탁약정에 따라 부동산에 관한 물권을 명의수탁자의 명의로 등기하거나 등기하도록 한 명의신탁자(이하 "기존 명의신탁자"라 한다)는 법률 제4944호 부동산 실권리자명의 등기에 관한 법률 시행일부터 1년의 기간(이하 "유예기간"이라 한다) 이내에 실명등기하여야 한다. 다만, 공용징수, 판결, 경매 또는 그 밖에 법률에 따라 명의수탁자로부터 제3자에게 부동산에 관한 물권이 이전된 경우(상속에 의한 이전은 제외한다)와 종교단체, 향교 등이 조세 포탈, 강제집행의 면탈을 목적으로 하지 아니하고 명의신탁한 부동산으로서 대통령령으로 정하는 경우는 그러하지 아니하다.

제14조 제1항【기존 양도담보권자의 서면 제출 의무 등】
법률 제4944호 부동산 실권리자명의 등기에 관한 법률 시행 전에 채무의 변제를 담보하기 위하여 채권자가 부동산에 관한 물권을 이전받은 경우에는 법률 제4944호 부동산 실권리자명의 등기에 관한 법률 시행일부터 1년 이내에 채무자, 채권금액 및 채무변제를 위한 담보라는 뜻이 적힌 서면을 등기관에게 제출하여야 한다.

Chapter

03 가등기담보 등에 관한 법률

제1조【목적】

이 법은 **차용물의 반환**에 관하여 차주가 차용물을 갈음하여 다른 재산권을 이전할 것을 **예약**할 때 그 재산의 **예약 당시 가액**이 **차용액과 이에 붙인 이자를 합산한 액수를 초과**하는 경우에 이에 따른 담보계약과 그 담보의 목적으로 마친 가등기 또는 소유권이전등기의 효력을 정함을 목적으로 한다.

→ 적용범위 : 소비대차(준소비대차) + 대물변제예약 + 가등기(소유권이전등기)

OX Check Point

1 **공사대금채무**를 담보하기 위한 가등기에도 「가등기담보등에 관한 법률」이 **적용된다**. ( ) ▸ 2015

정답 01 ×

제2조【정의】

이 법에서 사용하는 용어의 뜻은 다음과 같다.

1. '담보계약'이란 '민법' 제608조에 따라 그 효력이 상실되는 **대물반환의 예약**(환매, 양도담보 등 명목이 어떠하든 그 모두를 포함한다)에 포함되거나 병존하는 채권담보 계약을 말한다.
2. '채무자 등'이란 다음 각 목의 자를 말한다.
   가. 채무자
   나. 담보가등기목적 부동산의 물상보증인
   다. 담보가등기 후 소유권을 취득한 제3자
3. '**담보가등기**'란 **채권담보의 목적**으로 마친 **가등기**를 말한다.
4. '강제경매등'이란 강제경매와 담보권의 실행 등을 위한 경매를 말한다.
5. '**후순위권리자**'란 **담보가등기 후**에 등기된 저당권자·전세권자 및 담보가등기권리자를 말한다.

제3조【담보권 실행의 통지와 청산기간】

① 채권자가 담보계약에 따른 담보권을 실행하여 그 담보목적부동산의 소유권을 취득하기 위하여는 **그 채권의 변제기 후**에 제4조의 **청산금의 평가액**을 채무자 등에게 **통지**하고, 그 통지가 채무자 등에게 도달한 날부터 2개월(이하 '청산기간'이라 한다)이 지나야 한다. 이 경우 청산금이 없다고 인정되는 경우에는 그 뜻을 통지하여야 한다.

제4조【청산금의 지급과 소유권의 취득】

① 채권자는 제3조 제1항에 따른 통지 당시의 담보목적부동산의 가액에서 그 채권액을 뺀 금액(이하 "청산금"이라 한다)을 채무자 등에게 지급하여야 한다. 이 경우 담보목적부동산에 선순위담보권 등의 권리가 있을 때에는 그 채권액을 계산할 때에 선순위담보 등에 의하여 담보된 채권액을 포함한다.

② 채권자는 담보목적부동산에 관하여 이미 소유권이전등기를 마친 경우에는 청산기간이 지난 후 청산금을 채무자 등에게 지급한 때에 담보목적부동산의 소유권을 취득하며, 담보가등기를 마친 경우에는 청산기간이 지나야 그 가등기에 따른 본등기를 청구할 수 있다.

③ 청산금의 지급채무와 부동산의 소유권이전등기 및 인도채무의 이행에 관하여는 동시이행의 항변권에 관한 「민법」 제536조를 준용한다.

④ 제1항부터 제3항까지의 규정에 어긋나는 특약으로서 **채무자 등에게 불리한 것은 그 효력이 없다.** 다만, 청산기간이 지난 후에 행하여진 특약으로서 제3자의 권리를 침해하지 아니하는 것은 그러하지 아니하다.

OX Check Point

1 담보목적물에 대한 사용·수익권은 채무자에게 지급되어야 할 **청산금이 있더라도 그 지급 없이** 청산기간이 지나면 채권자에게 **귀속된다**. ( ) ▸ 2017

2 청산금을 지급할 필요 없이 청산절차가 종료한 경우, 그때부터 담보목적물의 과실수취권은 채권자에게 귀속한다. ( ) ▸ 2015

정답 01 × 02 ○

제5조【후순위권리자의 권리행사】

① 후순위권리자는 그 순위에 따라 채무자 등이 지급받을 청산금에 대하여 제3조 제1항에 따라 통지된 평가액의 범위에서 청산금이 지급될 때까지 그 권리를 행사할 수 있고, 채권자는 후순위권리자의 요구가 있는 경우에는 청산금을 지급하여야 한다.

⑤ 담보가등기 후에 대항력 있는 임차권을 취득한 자에게는 청산금의 범위에서 동시이행의 항변권에 관한 「민법」 제536조를 준용한다.

제6조【채무자 등 외의 권리자에 대한 통지】

① 채권자는 제3조 제1항에 따른 통지가 채무자 등에게 도달하면 지체 없이 후순위권리자에게 그 통지의 사실과 내용 및 도달일을 통지하여야 한다.

② 제3조 제1항에 따른 통지가 채무자 등에게 도달한 때에는 담보가등기 후에 등기한 제3자(제1항에 따라 통지를 받을 자를 제외하고, 대항력 있는 임차권자를 포함한다)가 있으면 채권자는 지체 없이 그 제3자에게 제3조 제1항에 따른 통지를 한 사실과 그 채권액을 통지하여야 한다.

③ 제1항과 제2항에 따른 통지는 통지를 받을 자의 등기부상의 주소로 발송함으로써 그 효력이 있다. 그러나 대항력 있는 임차권자에게는 그 담보목적부동산의 소재지로 발송하여야 한다.

제7조【청산금에 대한 처분 제한】

① 채무자가 **청산기간이 지나기 전에 한 청산금에 관한 권리의 양도나 그 밖의 처분**은 이로써 **후순위권리자에게 대항하지 못한다.**

② 채권자가 청산기간이 지나기 전에 청산금을 지급한 경우 또는 제6조 제1항에 따른 통지를 하지 아니하고 청산금을 지급한 경우에도 제1항과 같다.

OX Check Point

1 채무자는 청산기간이 지나기 전이라도 후순위권리자에 대한 통지 후 청산금에 관한 권리를 제3자에게 양도하면 이로써 후순위권리자에게 대항할 수 **있다**. ( ) ▸ 2017

정답 01 ×

제9조【통지의 구속력】

채권자는 제3조 제1항에 따라 그가 통지한 청산금의 금액에 관하여 다툴 수 없다.

제10조【법정지상권】

토지와 그 위의 건물이 동일한 소유자에게 속하는 경우 그 토지나 건물에 대하여 제4조 제2항에 따른 소유권을 취득하거나 담보가등기에 따른 본등기가 행하여진 경우에는 그 건물의 소유를 목적으로 그 토지 위에 지상권이 설정된 것으로 본다. 이 경우 그 존속기간과 지료는 당사자의 청구에 의하여 법원이 정한다.

제11조【채무자 등의 말소청구권】

채무자 등은 청산금채권을 변제받을 때까지 그 채무액(반환할 때까지의 이자와 손해금을 포함한다)을 **채권자에게 지급하고** 그 채권담보의 목적으로 마친 소유권이전등기의 말소를 청구할 수 있다. **다만, 그 채무의 변제기가 지난 때부터 10년이 지나**거나 **선의의 제3자가 소유권을 취득**한 경우에는 그러하지 아니하다.

OX Check Point

1 가등기담보의 채무자의 채무변제와 가등기 말소는 **동시이행관계에 있다**. ( ) ▸ 2015

정답 01 ×

제12조【경매의 청구】

① **담보가등기권리자는 그 선택에 따라** 제3조에 따른 담보권을 실행하거나 담보목적부동산의 경매를 청구할 수 있다. 이 경우 경매에 관하여는 담보가등기권리를 저당권으로 본다.

② **후순위권리자는 청산기간에 한정**하여 그 피담보채권의 **변제기 도래 전이라도** 담보목적부동산의 **경매를 청구할 수 있다.**

OX Check Point

1 가등기담보의 **채무자**는 귀속정산과 처분정산 중 하나를 선택할 수 있다. (　) ▸ 2015

2 후순위권리자는 **청산기간 동안**에는 담보목적부동산의 경매를 청구할 수 **없다.** (　) ▸ 2017

3 담보가등기 후의 저당권자는 청산기간 내라도 저당권의 **피담보채권의 도래 전에는** 담보목적부동산의 경매를 청구할 수 **없다.** (　) ▸ 2015

정답 01 × 02 × 03 ×

제13조【우선변제청구권】

담보가등기를 마친 부동산에 대하여 강제경매 등이 개시된 경우에 담보가등기권리자는 다른 채권자보다 **자기채권을 우선변제 받을 권리**가 있다. 이 경우 그 순위에 관하여는 그 담보가등기권리를 저당권으로 보고, 그 담보가등기를 마친 때에 그 저당권의 설정등기가 행하여진 것으로 본다.

OX Check Point

1 담보가등기를 마친 부동산에 대하여 강제경매가 개시된 경우, 담보가등기를 마친 때를 기준으로 담보가등기권리자의 순위가 결정된다. (　) ▸ 2017

정답 01 ○

제15조【담보가등기권리의 소멸】
담보가등기를 마친 부동산에 대하여 강제경매 등이 행하여진 경우에는 담보가등기권리는 그 부동산의 매각에 의하여 소멸한다.

OX Check Point

1 담보가등기를 마친 부동산이 **강제경매를 통해 매각**되어도, 담보가등기권리는 피담보채권액 전부를 변제받지 않으면 소멸하지 **않는다**. ( ) ▸ 2017

정답 01 ×

제18조【다른 권리를 목적으로 하는 계약에의 준용】
등기 또는 등록할 수 있는 부동산소유권 외의 권리(질권(質權)·저당권 및 전세권은 제외한다)의 취득을 목적으로 하는 담보계약에 관하여는 제3조부터 제17조까지의 규정을 준용한다. 다만, 「동산·채권 등의 담보에 관한 법률」에 따라 담보등기를 마친 경우에는 그러하지 아니하다.

민법 제607조 및 제608조(대물변제의 예약)

제607조【대물반환의 예약】 차용물의 반환에 관하여 차주가 차용물에 갈음하여 다른 재산권을 이전할 것을 예약한 경우에는 그 재산의 예약 당시의 가액이 차용액 및 이에 붙인 이자의 합산액을 넘지 못한다.

제608조【차주에 불이익한 약정의 금지】 전2조의 규정에 위반한 당사자의 약정으로서 차주에 불리한 것은 환매 기타 여하한 명목이라도 그 효력이 없다.

1) 제607조 및 제608조에 위반한 대물변제예약에 대하여 채권자는 바로 소유권을 취득할 수 없고 정산을 하여야만 한다(약한 의미의 양도담보로의 전환).
2) 결국 양도담보를 비롯하여 모든 비전형담보는 제607조와 제608조의 적용을 받게 되어 '정산형'으로만 존속할 수 있게 되었다.

PART

03

민사특별법

Chapter 01

집합건물의 소유 및 관리에 관한 법률

제1조【건물의 구분소유】

1동의 건물 중 **구조상 구분**된 여러 개의 부분이 **독립한 건물**로서 사용될 수 있을 때에는 그 각 부분은 이 법에서 정하는 바에 따라 **각각 소유권**의 목적으로 할 수 있다.

제1조의2【상가건물의 구분소유】

① 1동의 건물이 다음 각 호에 해당하는 방식으로 여러 개의 건물부분으로 **이용상** 구분된 경우에 그 건물부분(이하 "구분점포"라 한다)은 이 법에서 정하는 바에 따라 각각 소유권의 목적으로 할 수 있다.

1. 구분점포의 용도가 「건축법」 제2조 제2항 제7호의 판매시설 및 같은 항 제8호의 운수시설일 것
2. 삭제 〈2020.2.4.〉
3. 경계를 명확하게 알아볼 수 있는 표지를 바닥에 견고하게 설치할 것
4. 구분점포별로 부여된 건물번호 표지를 견고하게 붙일 것

제2조【정의】

이 법에서 사용하는 용어의 뜻은 다음과 같다.

1. "구분소유권"이란 제1조 또는 제1조의2에 규정된 건물부분[제3조 제2항 및 제3항에 따라 공용부분(共用部分)으로 된 것은 제외한다]을 목적으로 하는 소유권을 말한다.
2. "구분소유자"란 구분소유권을 가지는 자를 말한다.
3. "**전유부분**(專有部分)"이란 구분소유권의 목적인 건물부분을 말한다.
4. "공용부분"이란 전유부분 외의 건물부분, 전유부분에 속하지 아니하는 건물의 부속물 및 제3조 제2항 및 제3항에 따라 공용부분으로 된 부속의 건물을 말한다.

5. “건물의 대지”란 전유부분이 속하는 1동의 건물이 있는 토지 및 제4조에 따라 건물의 대지로 된 토지를 말한다.
6. “**대지사용권**”이란 구분소유자가 전유부분을 소유하기 위하여 건물의 대지에 대하여 가지는 권리를 말한다.

OX Check Point

1 구분건물이 물리적으로 완성되기 전이라도 건축허가신청 등을 통하여 구분의사가 객관적으로 표시되면 구분행위의 존재를 인정할 수 있다. ( ) ▸ 2016

2 대지에 대한 지상권도 대지사용권이 될 수 있다. ( ) ▸ 2016

정답 **01** ○ **02** ○

제3조【공용부분】
① 여러 개의 전유부분으로 통하는 복도, 계단, 그 밖에 **구조상** 구분소유자 전원 또는 일부의 **공용에 제공**되는 건물부분은 구분소유권의 목적으로 할 수 없다.
② 제1조 또는 제1조의2에 규정된 건물부분과 부속의 건물은 **규약으로써** 공용부분으로 정할 수 있다.

OX Check Point

1 어느 부분이 공용부분인지 전유부분인지는 구분소유자들 사이에 다른 합의가 없는 한 그 건물의 구조에 따른 객관적인 용도에 의하여 결정된다. ( ) ▸ 2017

정답 **01** ○

제4조【규약에 따른 건물의 대지】

① 통로, 주차장, 정원, 부속건물의 대지, 그 밖에 전유부분이 속하는 1동의 건물 및 그 건물이 있는 토지와 하나로 관리되거나 사용되는 토지는 **규약으로**써 건물의 대지로 할 수 있다.

제5조【구분소유자의 권리 · 의무 등】

① 구분소유자는 건물의 보존에 해로운 행위나 그 밖에 건물의 관리 및 사용에 관하여 구분소유자 공동의 이익에 어긋나는 행위를 하여서는 아니 된다.

② 전유부분이 주거의 용도로 분양된 것인 경우에는 구분소유자는 정당한 사유 없이 그 부분을 주거 외의 용도로 사용하거나 그 내부 벽을 철거하거나 파손하여 증축 · 개축하는 행위를 하여서는 아니 된다.

③ 구분소유자는 그 전유부분이나 공용부분을 보존하거나 개량하기 위하여 필요한 범위에서 다른 구분소유자의 전유부분 또는 자기의 공유에 속하지 아니하는 공용부분의 사용을 청구할 수 있다. 이 경우 다른 구분소유자가 손해를 입었을 때에는 보상하여야 한다.

④ 전유부분을 점유하는 자로서 구분소유자가 아닌 자(이하 "점유자"라 한다)에 대하여는 제1항부터 제3항까지의 규정을 준용한다.

제7조【구분소유권 매도청구권】

대지사용권을 가지지 아니한 구분소유자가 있을 때에는 그 전유부분의 철거를 청구할 권리를 가진 자는 그 구분소유자에 대하여 구분소유권을 시가(時價)로 매도할 것을 청구할 수 있다.

제8조【대지공유자의 분할청구 금지】

대지 위에 구분소유권의 목적인 건물이 속하는 1동의 건물이 있을 때에는 그 대지의 공유자는 그 건물 사용에 필요한 범위의 대지에 대하여는 분할을 청구하지 못한다.

제10조【공용부분의 귀속 등】

① **공용부분은** 구분소유자 **전원의 공유**에 속한다. **다만**, 일부의 구분소유자만이 공용하도록 제공되는 것임이 명백한 공용부분(이하 "일부공용부분"이라 한다)은 그들 구분소유자의 공유에 속한다.

② 제1항의 공유에 관하여는 제11조부터 제18조까지의 규정에 따른다. 다만, 제12조, 제17조에 규정한 사항에 관하여는 규약으로써 달리 정할 수 있다.

제11조【공유자의 사용권】

각 공유자는 **공용부분**을 **그 용도에 따라** 사용할 수 있다.

OX Check Point

1 구분소유자 중 일부가 복도, 계단과 같은 공용부분의 일부를 아무런 권원 없이 점유·사용하는 경우, 특별한 사정이 없는 한 다른 구분소유자들에게 **임료 상당의 손해가 발생한 것으로 볼 수 있다**. ( ) ▸ 2016

∵ 용도에 따른 사용을 못한 손해는 발생했으나, 임대차의 대상은 아니어서 임료 상당 손해가 발생하지는 않음

정답 01 ×

제12조【공유자의 지분권】

① 각 공유자의 지분은 그가 가지는 **전유부분의 면적 비율**에 따른다.

② 제1항의 경우 일부공용부분으로서 면적이 있는 것은 그 공용부분을 공용하는 구분소유자의 전유부분의 면적 비율에 따라 배분하여 그 면적을 각 구분소유자의 전유부분 면적에 포함한다.

제13조【전유부분과 공용부분에 대한 지분의 일체성】

① 공용부분에 대한 공유자의 지분은 그가 가지는 전유부분의 처분에 따른다.

② 공유자는 그가 가지는 **전유부분과 분리하여 공용부분에 대한 지분을 처분할 수 없다.**

③ 공용부분에 관한 물권의 득실변경(得失變更)은 등기가 필요하지 아니하다.

OX Check Point

1 **구조상의 공용부분**에 관한 물권의 득실변경은 **별도로 등기를 하여야 한다**. ( ) ▸ 2017

정답 01 ×

제15조【공용부분의 변경】

① 공용부분의 변경에 관한 사항은 관리단집회에서 구분소유자의 3분의 2 이상 및 의결권의 3분의 2 이상의 결의로써 결정한다.

OX Check Point

1 공용부분을 전유부분으로 변경하기 위하여는 구조상으로나 이용상으로 다른 전유부분과 독립되어 있어야 한다. ( ) ▸ 2016

정답 01 ○

제15조의2【권리변동 있는 공용부분의 변경】

① 제15조에도 불구하고 건물의 노후화 억제 또는 기능 향상 등을 위한 것으로 구분소유권 및 대지사용권의 범위나 내용에 변동을 일으키는 공용부분의 변경에 관한 사항은 관리단집회에서 구분소유자의 5분의 4 이상 및 의결권의 5분의 4 이상의 결의로써 결정한다. 다만, 「관광진흥법」 제3조 제1항 제2호 나목에 따른 휴양 콘도미니엄업의 운영을 위한 휴양 콘도미니엄의 권리변동 있는 공용부분 변경에 관한 사항은 구분소유자의 3분의 2 이상 및 의결권의 3분의 2 이상의 결의로써 결정한다.

제16조【공용부분의 관리】

① 공용부분의 관리에 관한 사항은 제15조 제1항 본문 및 제15조의2의 경우를 제외하고는 제38조 제1항에 따른 통상의 집회결의로써 결정한다. 다만, 보존행위는 각 공유자가 할 수 있다.

OX Check Point

1 관리인 선임 여부와 관계없이 공유자인 구분소유자가 단독으로 공용부분에 대한 보존행위를 할 수 있다. ( ) ▸ 2017

정답 01 ○

제17조【공용부분의 부담·수익】

각 공유자는 규약에 달리 정한 바가 없으면 그 지분의 비율에 따라 공용부분의 관리비용과 그 밖의 의무를 부담하며 공용부분에서 생기는 이익을 취득한다.

제20조【전유부분과 대지사용권의 일체성】

① 구분소유자의 대지사용권은 그가 가지는 전유부분의 처분에 따른다.

② 구분소유자는 그가 가지는 **전유부분과 분리하여 대지사용권을 처분할 수 없다. 다만,** 규약으로써 달리 정한 경우에는 그러하지 아니하다.

③ 제2항 본문의 분리처분금지는 그 취지를 등기하지 아니하면 선의(善意)로 물권을 취득한 제3자에게 대항하지 못한다.

제23조【관리단의 당연 설립 등】

① 건물에 대하여 구분소유 관계가 성립되면 **구분소유자 전원을 구성**원으로 하여 건물과 그 대지 및 부속시설의 관리에 관한 사업의 시행을 목적으로 하는 **관리단이 설립된다.**

OX Check Point

1 집합건물의 관리단은 구분소유자 전원을 구성원으로 하며, 별도의 설립행위가 필요하지 않다. ( ) ▸ 2016

정답 01 ○

제24조【관리인의 선임 등】

① 구분소유자가 10인 이상일 때에는 관리단을 대표하고 관리단의 사무를 집행할 관리인을 선임하여야 한다.

③ 관리인은 관리단집회의 결의로 선임되거나 해임된다. 다만, 규약으로 제26조의3에 따른 관리위원회의 결의로 선임되거나 해임되도록 정한 경우에는 그에 따른다.

제24조의2【임시관리인의 선임 등】

① 구분소유자, 그의 승낙을 받아 전유부분을 점유하는 자, 분양자 등 이해관계인은 제24조 제3항에 따라 선임된 관리인이 없는 경우에는 법원에 임시관리인의 선임을 청구할 수 있다.

제25조【관리인의 권한과 의무】

② 관리인의 대표권은 제한할 수 있다. 다만, 이로써 선의의 제3자에게 대항할 수 없다.

제38조【의결 방법】

① 관리단집회의 의사는 이 법 또는 규약에 특별한 규정이 없으면 구분소유자의 과반수 및 의결권의 과반수로써 의결한다.

제43조【공동의 이익에 어긋나는 행위의 정지청구 등】

① 구분소유자가 제5조 제1항의 행위를 한 경우 또는 그 행위를 할 우려가 있는 경우에는 관리인 또는 관리단집회의 결의로 지정된 구분소유자는 구분소유자 공동의 이익을 위하여 그 행위를 정지하거나 그 행위의 결과를 제거하거나 그 행위의 예방에 필요한 조치를 할 것을 청구할 수 있다.

② 제1항에 따른 소송의 제기는 관리단집회의 결의가 있어야 한다.

③ 점유자가 제5조 제4항에서 준용하는 같은 조 제1항에 규정된 행위를 한 경우 또는 그 행위를 할 우려가 있는 경우에도 제1항과 제2항을 준용한다.

제44조【사용금지의 청구】

① 제43조 제1항의 경우에 제5조 제1항에 규정된 행위로 구분소유자의 공동생활상의 장해가 현저하여 제43조 제1항에 규정된 청구로는 그 장해를 제거하여 공용부분의 이용 확보나 구분소유자의 공동생활 유지를 도모함이 매우 곤란할 때에는 관리인 또는 관리단집회의 결의로 지정된 구분소유자는 관리단집회의 결의로 지정된 구분소유자는 소(訴)로써 적당한 기간 동안 해당 구분소유자의 전유부분 사용금지를 청구할 수 있다.

② 제1항의 결의는 구분소유자의 4분의 3 이상 및 의결권의 4분의 3 이상의 관리단집회 결의가 있어야 한다.

③ 제1항의 결의를 할 때에는 미리 해당 구분소유자에게 변명할 기회를 주어야 한다.

제45조【구분소유권의 경매】

① 구분소유자가 제5조 제1항 및 제2항을 위반하거나 규약에서 정한 의무를 현저히 위반한 결과 공동생활을 유지하기 매우 곤란하게 된 경우에는 관리인 또는 관리단집회의 결의로 지정된 구분소유자는 해당 구분소유자의 전유부분 및 대지사용권의 경매를 명할 것을 법원에 청구할 수 있다.

② 제1항의 청구는 구분소유자의 4분의 3 이상 및 의결권의 4분의 3 이상의 관리단집회 결의가 있어야 한다.

③ 제2항의 결의를 할 때에는 미리 해당 구분소유자에게 변명할 기회를 주어야 한다.

④ 제1항의 청구에 따라 경매를 명한 재판이 확정되었을 때에는 그 청구를 한 자는 경매를 신청할 수 있다. 다만, 그 재판확정일부터 6개월이 지나면 그러하지 아니하다.

⑤ 제1항의 해당 구분소유자는 제4항 본문의 신청에 의한 경매에서 경락인이 되지 못한다.

제46조【전유부분의 점유자에 대한 인도청구】

① 점유자가 제45조 제1항에 따른 의무위반을 한 결과 공동생활을 유지하기 매우 곤란하게 된 경우에는 관리인 또는 관리단집회의 결의로 지정된 구분소유자는 그 전유부분을 목적으로 하는 계약의 해제 및 그 전유부분의 인도를 청구할 수 있다.

② 제1항의 경우에는 제44조 제2항 및 제3항을 준용한다.

③ 제1항에 따라 전유부분을 인도받은 자는 지체 없이 그 전유부분을 점유할 권원이 있는 자에게 인도하여야 한다.

민법 비교 조문

제215조【건물의 구분소유】

① 수인이 한 채의 건물을 구분하여 각각 그 일부분을 소유한 때에는 건물과 그 부속물 중 **공용하는 부분**은 그의 **공유로 추정**한다.

② 공용부분의 보존에 관한 비용 기타의 부담은 각자의 **소유부분의 가액에 비례하여 분담**한다.

제268조【공유물의 분할청구】

① 공유자는 공유물의 분할을 청구할 수 있다. 그러나 5년 내의 기간으로 분할하지 아니할 것을 약정할 수 있다.

② 전항의 계약을 갱신한 때에는 그 기간은 갱신한 날부터 5년을 넘지 못한다.

③ 전2항의 규정은 **제215조**, 제239조의 공유물에는 **적용하지 아니한다**.

Chapter 02

부동산 실권리자명의 등기에 관한 법률

제1조【목적】

이 법은 부동산에 관한 소유권과 그 밖의 물권을 실체적 권리관계와 일치하도록 실권리자 명의(名義)로 등기하게 함으로써 부동산등기제도를 악용한 투기·탈세·탈법행위 등 **반사회적 행위를 방지**하고 **부동산 거래의 정상화와 부동산 가격의 안정을 도모**하여 국민경제의 건전한 발전에 이바지함을 목적으로 한다.

OX Check Point

1 투기·탈세 등의 방지라는 법의 목적상 명의신탁은 그 자체로 **선량한 풍속 기타 사회질서에 위반된다**. ( ) ▸ 2021

2 무효인 명의신탁약정에 기하여 타인 명의의 등기가 마쳐졌다는 이유만으로 그것이 당연히 불법원인급여에 해당한다고 볼 수 없다. ( ) ▸ 2017

3 농지법에 따른 제한을 피하기 위하여 명의신탁을 한 경우에도 그에 따른 수탁자 명의의 소유권이전등기가 불법원인급여라고 할 수 없다. ( ) ▸ 2021

정답 01 × 02 ○ 03 ○

제2조【정의】

이 법에서 사용하는 용어의 뜻은 다음과 같다.

1. "**명의신탁약정**(名義信託約定)"이란 부동산에 관한 **소유권이나 그 밖의 물권**(이하 "부동산에 관한 물권"이라 한다)을 보유한 자 또는 사실상 취득하거나 취득하려고 하는 자(이하 "실권리자(實權利者)"라 한다)가 타인과의 사이에서 대내적으로는 실권리자가 부동산에 관한 물권을 보유하거나 보유하기로 하고 그에 관한 등기(가등기를 포함한다. 이하 같다)는 그 타인의 명의로 하기로 하는 약정(위임·위탁매매의 형식에 의하거나 추인(追認)에 의한 경우를 포함한다)을 말한다. 다만, 다음 각 목의 경우는 **제외**한다.

가. 채무의 변제를 담보하기 위하여 채권자가 부동산에 관한 물권을 이전(移轉)받거나 가등기하는 경우

나. 부동산의 위치와 면적을 특정하여 2인 이상이 구분소유하기로 하는 약정을 하고 그 구분소유자의 공유로 등기하는 경우

다. 「신탁법」 또는 「자본시장과 금융투자업에 관한 법률」에 따른 신탁재산인 사실을 등기한 경우

2. "**명의신탁자**(名義信託者)"란 명의신탁약정에 따라 자신의 부동산에 관한 물권을 타인의 명의로 등기하게 하는 **실권리자**를 말한다.
3. "**명의수탁자**(名義受託者)"란 명의신탁약정에 따라 실권리자의 부동산에 관한 물권을 자신의 명의로 **등기하는 자**를 말한다.
4. "실명등기(實名登記)"란 법률 제4944호 부동산 실권리자명의 등기에 관한 법률 시행 전에 명의신탁약정에 따라 명의수탁자의 명의로 등기된 부동산에 관한 물권을 법률 제4944호 부동산 실권리자명의 등기에 관한 법률 시행일 이후 명의신탁자의 명의로 등기하는 것을 말한다.

PART 03

OX Check Point

1 부동산소유권 또는 그 공유지분은 명의신탁 대상이 되지만, 용익물권은 명의신탁의 대상이 될 수 **없다**. ( ) ▸ 2023

2 채무변제를 담보하기 위해 채권자 명의로 부동산에 관한 소유권이전등기를 하기로 하는 약정은 명의신탁약정에 해당하지 않는다. ( ) ▸ 2017

3 채무자는 채권을 담보하기 위하여 채권자에게 그 소유의 부동산에 관한 소유권이전등기를 할 수 있다. ( ) ▸ 2020

정답 01 × 02 ○ 03 ○

제3조【실권리자명의 등기의무 등】

① **누구든지** 부동산에 관한 물권을 **명의신탁약정에 따라** 명의수탁자의 명의로 **등기하여서는 아니 된다**.

② 채무의 변제를 담보하기 위하여 채권자가 부동산에 관한 물권을 이전받는 경우에는 채무자, 채권금액 및 채무변제를 위한 담보라는 뜻이 적힌 서면을 등기신청서와 함께 등기관에게 제출하여야 한다.

제4조【명의신탁약정의 효력】

① 명의신탁**약정**은 **무효**로 한다.

② 명의신탁**약정에 따른 등기**로 이루어진 부동산에 관한 **물권변동은 무효**로 한다. **다만**, 부동산에 관한 물권을 취득하기 위한 **계약**에서 **명의수탁자가 어느 한쪽 당사자**가 되고 상대방 당사자는 명의신탁약정이 있다는 사실을 알지 못한 경우에는 그러하지 아니하다.

③ 제1항 및 제2항의 무효는 **제3자에게 대항하지 못한다**.

OX Check Point

1 명의신탁자에게 법률효과를 직접 귀속시킬 의도의 매매계약을 체결한 사정이 인정되더라도, 부동산매매계약서에 명의수탁자가 매수인으로 기재되어 있다면 **계약명의신탁**으로 보아야 한다. ( ) ▸ 2023

2 3자간 등기명의신탁관계에 기한 명의신탁약정 및 그에 따른 명의수탁자 명의의 등기는 무효이다. ( ) ▸ 2019 사례 변형

3 3자간 등기명의신탁관계의 명의신탁자는 수탁자에게 명의신탁된 부동산의 소유권이전등기를 청구하지 못한다. ( ) ▸ 2020

4 3자간 등기명의신탁관계의 명의신탁자 甲은 매도인 乙에 대한 소유권이전등기청구권을 보전하기 위하여 매도인 乙을 대위하여 수탁자 丙 명의의 등기말소를 청구할 수 있다. ( ) ▸ 2019 사례 변형

5 계약명의신탁관계에서 명의신탁자 甲과 명의수탁자 乙의 명의신탁약정은 무효이다. ( ) ▸ 2021

박문각 감정평가사

백운정 합격이 보이는 민법

1차 | 조문&기출

제5판 인쇄 2025. 7. 25. | **제5판 발행** 2025. 7. 30. | **편저자** 백운정
발행인 박 용 | **발행처** (주)박문각출판 | **등록** 2015년 4월 29일 제2019-000137호
주소 06654 서울시 서초구 효령로 283 서경 B/D 4층 | **팩스** (02)584-2927
전화 교재 문의 (02)6466-7202

저자와의 협의하에 인지생략

정가 17,000원
ISBN 979-11-7262-974-8